Mubabinge BILOLO

KASALU JIBIKILA DANS CIKAM OU ANCIEN ÉGYPTIEN.
Hommage à l'Épouse de Tshisekedi wa Mulumba :
Grand-Serviteur de Cyama

INSTITUT AFRICAIN D'ÉTUDES PROSPECTIVES
CENTRE C.A. DIOP D'ÉGYPTOLOGIE
ET DU DEVENIR DES CIVILISATIONS AFRICAINES
_____Section I, Vol. 13_____

Dr. Mubabinge Bilolo wa Kaluka
Directeur de recherche & Chargé de mission

KASALU JIBIKILA

DANS CIKAM OU ANCIEN ÉGYPTIEN

Hommage à l'Épouse de Tshisekedi wa Mulumba : Grand-Serviteur de CYAMA

PUBLICATIONS UNIVERSITAIRES AFRICAINES

CIP - Titelaufnahme der Deutschen Bibliothek
Bilolo, Mubabinge :
Kasalu Jibikila dans CiKam ou Ancien Égyptien. Hommage à
l'Épouse de Tshisekedi wa Mulumba : Grand-Serviteur de Cyama

(Institut Africain d'Études Prospectives. Centre C.A. Diop
d'Égyptologie et du Devenir des Civilisations Africaines; Sect. I, Vol. 13)
Munich, Kinshasa, Paris : Publications Universitaires Africaines, 2019

ISBN 978-3-931169-27-5

© 2019 Publications Universitaires Africaines
All rights reserved.
Typeset at AUS-PUA, Germany
Afrobook, Bahnweg 9b, D-85417 Marzling / Germany
Inadep.europe@gmail.com
ISBN 978-3-931169-27-5

Préface

Wasenga Kanku, wasenga Tshibuabua, kakwena ukena mwanenu. C'est notamment par cette expression que les ancêtres tchaka voulaient mettre l'accent sur l'importance d'une fraternité qui enjambe les frontières familiales, claniques ou autres.

Fort de cet enracinement dans la tradition le Prof Bilolo Mubabinge a choisi de compléter les hommages déférents rendus au héros national Tshisekedi wa Mulumba, par un geste de remerciement à l'épouse de ce dernier. Tant il est vrai que maman Marthe Kasalu Jibikila a accompagné de son amour son vénéré époux qui, au fil des temps, est devenu Ya Tshitshi, le papa et le frère de toutes les congolaises et de tous les congolais.

En Mun-Kam averti, Bilolo ne pouvait mener sa tâche ou concevoir son hommage que dans le cadre du projet scientifique d'illustration de l'antériorité et de l'actualité du CiKam. Raison pour laquelle Nkindi Bilolo a pris le soin de dégager l'enjeu du nom de **Kasalu Jibikila**. Cette dénomination date du temps de l'Egypte pharaonique, sommet et accomplissement de la très antique civilisation de la vallée du Nil Kongo/Tchad/Soudan, etc.

Ce qui montre, si besoin en était, qu'elle porte la charge de plus de 10 000 ans de l'histoire de l'humanité. La langue qui a vu naître Bilolo véhicule les noms, les titres, les mots et les idées linguistiques, scientifiques, économico-politiques, écologiques, philosophiques, morales, théologiques de l'ensemble de l'humanité.

Une nouvelle intelligence du CiKam s'impose, nous dit-il, si l'on veut contribuer à changer radicalement les sciences enseignées en Afrique et transformer la perception de l'identité historique, politique, culturelle, religieuse et théologique du continent africain.

C'est ce qui résulte de l'étude menée de main de maître par le Prof Bilolo Mubabinge sur Kasalu Jibikila. On voit bien la portée d'une appellation à première vue insignifiante aux yeux des peuples aliénés et de leurs maîtres à penser. Les noms que nous portons sont sacrés, sont révélés. Ce sont des *Mdw Ntr*, nous rappellent l'auteur, des « Paroles de Dieu ». Ces « Paroles Divines », ici Kasalu Jibikila, véhiculent une histoire de plusieurs millénaires avant notre ère.

Binwambila kanutu numvwa, amu bidimwena mesu.

Prof. Kalamba Nsapo
Chargé de recherche,
Cotitulaire de la *Chaire T. Tshibangu Tshishiku pour l'Étude de la Religion Africaine et le Pilotage des Espaces Multiculturels* de l'INADEP

0.
Préliminaire

Le *Comité International des Savants et Experts Africains* (CISEA) voulait, en collaboration avec la Section d'Outre-Mer de *l'Institut Africain d'Études Prospectives* (INADEP-Europe), remettre la **Plume de la Maât**, *Di-Sala dya Meeyi, Ka-Sala ka Meeyi ne MaCyama¹*, c'est-à-dire la « Plume de la Vérité-Justice-Droiture-Solidarité-et-Balance », mais le cadre politique anti-maâticratique et le règne de *Bu-Cyafu*, de *Ci-mFundu* ou de *Ci-Fwishi /Di-Fwisha* (⟨𓏏𓏲⟩ , alias *iśft*)² avaient handicapé la concrétisation de cette décision.

Mais, même si Tshisekedi wa Mulumba nous a quitté avant la concrétisation de ce projet, nous espérons que le CISEA et l'INADEP auront l'occasion d'organiser une Cérémonie en vue de remettre à titre posthume le Prix

---

¹ On peut aussi utiliser l'expression consacrée de *Meyi ne MiKandu*.

² Le terme ⟨𓏏𓏲⟩ (*Ci-mFundu, Bu-Cyafu, Ci-Fwishi / Di-Fwisha*) et son homologue ⟨𓏏𓏲𓈖⟩ (ÄHWB., p. 47), *Mbu-Bi, Ndu-Bi, Mba-Bi, Nci-Bi*, écrit comme *Byona, iBwona /Boona*, du verbe -**Ona** « abîmer, souiller, gâter, détruire » ou *Binda /Bindu*, en espéranto : **Bin**, **ʙⱳⱳɴ, Bwon** dans la Pensée Pharaonique sont étudiés par MPAY KEMBOLY, *The Question of Evil in Ancient Egypt,* Golden House Publications, London, 2010, 405 p. Une excellente thèse, soutenue à Oxford. Mais le nom Cyaka de l´auteur souffisait pour que les éditions de **CiPupu** ou de l'égyptologie typhonienne réfusent de la publier. **CiPupu** nous avait fait la même chose pour le *venia legendi* / permission et droit d'enseigner à l'Université de Zürich, 1992. Nous ne pouvons que dire à nos jeunes : « Là, au front, c'est la guerre entre *Eropa* et *Indu/ Kam* ; entre Seth (*Ka-Shindi / Ka-Zadi*) et Osiris (*Mw-Ushil / Ba-Shil*) ».

Sphinx et le Symbole de *Cyama Cya-Meyi*[3], alias *Maât*, au Sphinx de Limete.

Que les Morts (*Ba-Fwe*) dans le *CiDwa* (⟨hiéroglyphes⟩)[4] ou *KaLunga* (⟨hiéroglyphes⟩)[5] nous autorisent à ce que, en complément à l'Hommage rendu au feu (⟨hiéroglyphes⟩ , *Ma-Tu, Mu-Fwe*[6]) Héros National Congolais Tshisekedi wa

---

3 En Écriture Sacrée : ⟨hiéroglyphes⟩ , ⟨hiéroglyphes⟩ , ⟨hiéroglyphes⟩

⟨hiéroglyphes⟩ Une brève synthèse sur le concept de *Meyi* ou *Maât* / *Cyama* (**Meyi** est un terme identique en ci-Cyaka et en ci-Kapita / Copte) est accessible sur internet. Cf. BILOLO, M., **Maât** *comme Source de la Loi Fondamentale des Peuples Noirs*, in : http://www.peuplesawa.com/fr/bnlogik.php? bnid=583&bnk=17&bnrub=1 . Lire aussi MAULANA KARENGA, *Maat, the Moral Ideal in Ancient Egypt : A Study in Classical African Ethics* ; Routledge, 2003, 480 p.

4 ÄHWB., p. 212. L'espéranto ci-eropa rend **CiDwa** par Dw3.t. *En ci-Cyaka, CiDwa* « Royaume des Morts ; Tombeau ; Au-delà » est synonyme de **Ndondo** « Profondeur » > *Ka-Ndondo-Nkidi* « Royaume Sous-Terrain ». L'espéranto oxcille entre **CiDwa** et **Ndondo**. L'Écriture Sacrée considère *Ci-Dwa* comme *Ci-Palu cya mi-Toto* ou *Bula bwa Ntanda* « Cour/Domaine des Étoiles (impérissables) ». L'avantage de *Ci-Kam* est que la présence de l'étoile (✕, *toto (<tu-oto), tanda, tondo, tandela, diba/djuba* > *dwa, sb3*) peut être constaté par toute lectrice et par tout lecteur.

5 ÄHWB., p. 199. « Nuit ; Occident », mais au sens Tchaka de : *Mund-a-Nkulu* « Minuit » qui donne *Munda mwa* **Nkulu** « Intériorité de Dieu ; Royaume du Dieu-Suprême ».

6 Ce mot est écrit avec le signe de l'oiseau : ⟨hiéroglyphe⟩ *Fwi-Fwi, Mwa-Nkole, Mu-Midima* « chouette, hibou, oiseau nocturne». En espéranto, le ci-eropa le rend par *Mwt*. Cette forme peut être tolérée, car *Mu-Fu*

Mulumba, nous rendions aussi un vibrant hommage à sa jumelle KASALU JIBIKILA.

Nous avions eu la chance et le privilège de rendre en avril 2018, à Malabo, ensemble avec Son Excellence Monsieur Le Président de la République de la Guinée-Equatoriale et avec les Membres de son Gouvernement, un hommage à la jumelle du feu Mandela Madiba, à savoir, La Lionne d'Azania, Maman **Nomzamo Madikizela-Mandela.** Mais, en RD Congo, faudrait-il attendre que Maman Kasalu Jibikila meurt pour que nous puissions chanter le *KaSala* qu'elle ne pourra plus entendre ou juger ? Cette question vaut aussi pour beaucoup de nos « guerriers ».

Nous signalons que nous intégrons cet hommage dans une série d'autres hommages, qui sont aussi des contributions au *Projet du Dictionnaire ci-Kam et ci-Bantu* ou *Ancien Égyptien et ci-Cyaka* du Centre C.A. Diop d'Égyptologie de l'Institut Africain d'Études Prospectives (NADEP).

Ce Centre Panafricain de Recherche Scientifique, créé par l'Ordonnance Présidentielle N° 89-287 du 9 novembre 1989 de Mobutu Sese Seko, a su, malgré les difficultés matérielles et administratives, aller au-delà des intuitions de l'égyptologue Jean-François Champollion (1790-1832) et de l'Égyptologie d'Eropa, voire de la Science de Ci-Eropa, pour poser les bases d'une Nouvelle Science et d'une Nouvelle Intelligence de l'Afrique en général et de *BuKam / CiKam*, alias Égypte Pharaonique en particulier. Cet hommage permettra à chacun et à chacune d'entrevoir et de palper la Science Africaine en gestation.

/-*Fwe* est une variante de *Ma-Tu*. Rappelons-nous que *DiTuwa* <>*DiFuwa* ou que *Tula* /*Tudi* <> *Fula* / *Fudi*.

Une Nouvelle Intelligence de *CiKam*, la graphie ainsi nommée (⌐⊙) peut aussi être appelée *Ci-Chim* /*Ti-Shim*[7] / *Ci-Fwim* / *Ci-Cim,* donc de l'Égypte (*E-Kapita* / *E-Kupita* / *E-Dipita*) antiquement Antique, métamorphose profondément non seulement toutes les sciences que l'Afrique enseigne aujourd'hui à ses enfants, mais aussi notre perception de nous-mêmes et de notre Identité Historique, Politique, Culturelle et Religieuse.

Nous portons avec nous l'Histoire de l'Humanité dans toute sa durée. Notre Langue ci-Tchaka / Cyaka véhicule les noms, les titres, les mots et les idées scientifiques, économico-politiques, philosophiques, théologico-morales et écologiques de l'Humanité de plus de 10.000 ans. Notre écriture, vieille aussi de plus de 10.000 ans, est un Musée exceptionnel et unique de nos œuvres de Culture et de Civilisation. Il faut la connaître pour connaître ce que nous étions, ce que nous sommes et ce que nous serons.

---

[7] Ce signe ⟍ est *Di-*/*Ci-Kama* « patte de crocodile, de pangolin, etc. ; pied, trace ». Mais il peut aussi un résidu de bois brûlé et éteint, donc un *Ci-Shime* /*-Chime ; Ci-Zima* /*-Jima* /*-Kima* /*-Cima* « Éteint ; Obscur», voire *Ci-Fwim(e,a)* « Enfumé ; Fumant ; Sombre » (⟍⊗).

Le signe n'autorise pas la lecture *Kama* au sens de « sécher » ou « presser », à moins de parler de *Kamoni* « résine, encens », « iris /pupille » et « aveugle » ou de *Kama-nseba* « tâche noire héréditaire « (*ci-shima cya kama*) et *Kama-londo* « Courant Noir de Nzadi Lwalaba » (*Mayi-a-Kama* / *-a-BuKama*).

1.
Un hommage au sein d'un Projet de Recherche :
Ancien Égyptien ou Ci-Kam et Ci-Cyaka

Nous disions, plus-haut, que nous intégrons cet hommage dans une série d'autres hommages, qui sont aussi des contributions au *Projet du Dictionnaire ci-Kam et ci-Bantu[8], mieux Cyena-Ntu,* et en nous concentrant sur la Haute-Éthiopie au sens pré-colonial : *Ancien Égyptien et ci-Cyaka.* Ces contributions sont :

Kapya (🪶)[9], « Feu »,	en hommage au professeur Ngandu Nkashama[10].
Patu / Mpatu ou *Bata* (🦆)[11] « Canard » et Sabato	cérémonie de notre adoption dans le cercle des savants et experts africains.

---

[8] Cf. BILOLO, M., *Vers Un Dictionnaire Cikam-Copte-Luba: Bantuïté du vocabulaire égyptien-copte dans les essais de Homburger et d'Obenga* (AAT & INADEP., Sect. I, vol. 13), Kinshasa/ München/ Paris, 2011

[9] ÄHWB., p. 194.

[10] . Cf. BILOLO, M., *Di-Shikula dia ciLuba mu ciKam. Cileshelu: "Kapia"», in* MUTOMBO-MWANA (éd.), *Tuya tooo twimana... Nkongamifundu mulubwila P. Ngandu Nkashama wa Kalonji, ngooyamwakulu,* Louvain-La-Neuve, 2007, p. 25-48. Version élargie : BILOLO, M., *Tuleshi Kapya ne Dyanga mu CiKam. Mishi ya CiKam mu Cyena Ntu* (AAT & Diop CES-INADEP, Sect. I, vol. 11). Kinshasa/ München/ Paris, 2008.

[11] ÄHWB., p. 2.

Nkaya ou *um-We* ( ) « Un / Unique » et préfiguration des bateaux ou des avions de guerre ( ),	Hommage en l'honneur du professeur Mufuta Kabemba, cérémonie de sa consécration comme savant africain.[12]
Sheta / Shita ( ) « secret, cacher, mystère » ou *Shetisha* ( )[13],	en l'honneur du professeur NGINDU MUSHETE.[14]
Madw-a-Ndela ( ) « Paroles de Dieu »,	Leçon pour l'Institut de l'Afrocentricité Internationale à Philadelphie et pour les **Munu-Kam** de Martinique, Guadeloupe et Houston.

---

[12] Hommage inédit. À ne pas confondre avec : BILOLO, M., «*W͗-jr-sw* »-*Semantik in dem Satz:* *W͗-jr-sw-m-hh(w)*. *Die Hypothese eines exozentrischen Kompositums und einer festen Permansivverbindung*», in *Discussions in Egyptology*, Oxford, 35 (1996), p. 5-17; BILOLO, M., «*Zur* *sw*-*Semantik in dem Satz:* *W͗ jr(jw)* *sw* *m* *hh(w)*»*,* in T. Duquesne (éd.), *Hermes Aegyptiacus, Egyptological studies for BH Stricker*, Oxford, 1995, p. 27-42.

[13] ÄHWB., p. 172.

[14] Cf. BILOLO, M., *Signification du Nom de Ngindu en CiKam,* in : MALABA MPOYI, R. et KALAMBA NSAPO (Éds.), *Unité et pluralité de la vérité. Mélanges en l'honneur du Prof. Ngindu Mushete*, vol I, Paris, Imhotep, 2014, p. 61-123.

Tshi-Sekedi (〔hieroglyphs〕), du verbe -*Seka* (〔hieroglyphs〕) « rire, se réjouir » >-*Sekela*	hommage au feu **TSHISEKEDI WA MULUMBA.**
Imana, Amun, Kamwenibwa (〔hieroglyphs〕)[15]	hommage en l'honneur du professeur Bimwenyi Kweshi [16]
Ci-Bangu Ci-Shiku (〔hieroglyphs〕 [17]),	Hommage en l'honneur de Son Exc. Mgr. TSHIBANGU TSHISHIKU[18].
Nkole Cya-Malenge-La / Nkole Citala Mulongol /	Hommage en l'honneur du professeur TSHIAMALENGA

[15] ÄHWB., p. 13. Mots étudiés :

[16] Cf. BILOLO, M., *Du nom Imn à Bi-Mweni. Exemple de la vitalité de ciKam et de 'Saintes doctrines philosophiques' pharaoniques dans le Cyena-Ntu.* In: KALAMBA NSAPO & BILOLO MUBABINGE (éds.), *Renaissance of the Negro-African Theology. Essays in Honor of Prof. Bimwenyi-Kweshi – Renaissance de la Théologie Négro-Africaine. Essais en l'honneur du Prof. Bimwenyi-Kweshi* (AAT-APA., Sect. XII, 1). München/ Freising/ Kinshasa 2009, S. 109–161 ; BILOLO, M., *Invisibilité et Immanence du Créateur* **Imn (Amon-Amun-Amen-Iman-Zimin)**. *Exemple de la Vitalité de l'Ancien Égyptien ou CiKam dans le Cyena Ntu* (AAT & INADEP., Sect. I, vol. 12). Kinshasa/ München/ Paris, 2010.

[17] ÄHWB., p. 173.

[18] Hommage inédit. Première version d'environ 300 pages, perdue avec le Laptop en 2018 ; 2ème version en préparation.

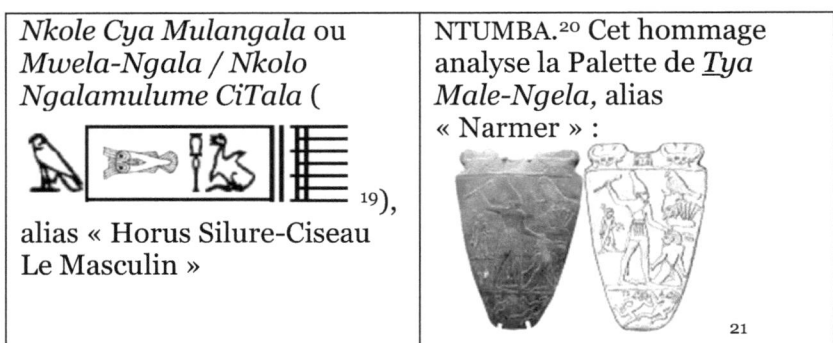

Nkole Cya Mulangala ou *Mwela-Ngala / Nkolo Ngalamulume CiTala* ([19]), alias « Horus Silure-Ciseau Le Masculin »	NTUMBA.[20] Cet hommage analyse la Palette de *Tya Male-Ngela,* alias « Narmer » :

21

Ces contributions nous ont permis de constater que **l'Ancien Égyptien** ou **Ci-Kam** se parle encore et qu'il s'appelle aujourd'hui **ci-Cyaka / -Caaka / -Tchaka.** Constat banal que le formatage scolaire nous empêche de faire. Si le Ci-Kam se parlait, s'écrivait et se lisait jusqu'aux premiers siècles de notre ère entre le Delta du Nil et les Sources du Nil (*Makoko-Matamba-Mwena Mwezi*), au même moment que le Grec, le Latin, l'Arabe, le Berbère, etc., par quel miracle le Ci-Kam pouvait-il disparaître, cesser d'exister sur des milliers de kilomètres au cœur de l'Afrique ? Le mythe de Ci-Kam, alias Ancien Égyptien, qui serait une « Langue morte », est tellement ridicule que nous nous demandons aujourd'hui : comment avons-nous pu avaler de telles aberrations ?

---

[19] https://de.wikipedia.org/wiki/Narmer

[20] Hommage inédit, faute de moyens. Signalons l'existence du Territoire de CiLenge / TshiLenge. Une identification du genre *Cya-Malenga MuKalenge wa mu CiLenge.*

[21] La plante *Ma-Leng(e,a)* « roseaux, fougère, brousse » est visible. La parure et autres ornements s'appellent aussi « *ci-/mu-/bi-Lenga* » (> *Lengela, Lengula, Lengala*). Beaucoup d'objet et d'actes sur cette palette s'appellent en ci-Cyaka : LENG(e,a,o,u). Von Original by Csernica & Jeff Dahl & Captmondo. This version by Bartje. https://de.wikipedia.org/wiki/Narmer#/media/Datei: NarmerPallette-Back.jpg   ; http://www.nefertum.com/egypt/09a_cairo_museum.html

Le vocabulaire ci-Kam rencontré dans les pages précédentes ne laisse aucun doute à ce sujet :

	Kapya	
	Patu / Mpatu // Bata	
	Nkaya ; um-Wa >(___)	
	Sheta / Shita	
	Shetisha	
	Imana, Amun, Kamwenibwa, Kamanibwa	
	Madw-a-Ndela	
	Nkole Cya-Malenge-La / *Nkole Citala Mulongol /* *Nkole Cya Mulangala /* *Nkole Mwela-Ngala /* *Nkolo Ngalamulume CiTala*	
	iBanga ; ci-Banga	
	Mu-Banga, ci-Banga, m-Banga	

Hieroglyph	Transcription	
𓉽	Sekedi, Sekeri, Sekela > Ci-Sekedi	
𓃀	Seka (> Sekela, Sekelela) ; Sanka	

Contrairement à l'approche généralisée en Égyptologie Africaine qui consiste à faire appel à plus d'une dizaine des langues africaines, nous nous limitons presqu'exclusivement au **Ci-Cyaka** de Matamba que nous maîtrisons relativement bien. Que nous soyons Cyaka, aimant le ci-Cyaka, et ayant la même variante locale Cyaka que Maman Kasalu, est un simple hasard. Nous aurions pu être Belebele /Berbère ou Khoisan et cela ne nous empêcherait pas de rendre hommage à une héritière de **Mu-Jinga /N-Zinga wa Ndongo** (Petit Matamba) et de **Kimpa Vita** du Kongo.

Nous avons pleuré Thomas Sankara, Ngouabi, Cheikh Anta Diop, Lumumba, Martin Luther King, Kennedy, les Mandela, Malcom X, Steve Biko, Gamal Abdel Nasser, Aimé Césaire, Anwar as-Sadat, Kimbangu, etc. Nous nous inclinons devant nos défenseurs, nos alliés, nos martyrs, quelle que soit leur couleur, quelle que soit leur nationalité.

Cet hommage, c'est l'Hommage de l'Afrique, l'Hommage de l'Hémisphère Ntakama, à une de ses Filles combattantes qui ont souffert ou souffrent pour une meilleure Afrique et pour la *Dignité de l'Indu,* au sens lingala de **Mo-Indo**. C'est cela qui caractérise l'Esprit Pan-Africain.

À **l'Institut Africain d'Études Prospectives** (INADEP), les chercheurs sont des Africain(e)s et Alliés au service d'un meilleur Avenir pour l'Afrique, au service de l'Intégration Africaine et de la Renaissance de l'Homme *Indu,* au sens de *Mo-Indo /Ba-Indo* ou *MuNtu-Kam.* Le

Devenir et l'Avenir de l'Afrique et de l'Indu constituent notre raison d'être.

Partant du constat fait à la suite des exemples précités et du survol laconique de leurs champs lexicaux et sémantiques (= champs de sens ou de significations)[22], nous pouvons logiquement et à priori conclure que le nom de KASALU JIBIKILA date de l'Égypte Pharaonique.

Le lecteur ou la lectrice devrait avoir la possibilité d'établir le degré de mêmité, donc le *bo-bumwe* de CiKam et de CiCyaka, sur base de données statistiques fiables. Mamu Kasalu Jibikila se rendra compte que nous mettons en évidence les graphies de ses noms et d'autres noms ou mots Cyaka utilisés sans sortir de l'univers Cyaka-Matamba.

Si Mamu Kasalu Jibikila se présentait comme **Muntu** ou comme **Luba**, **ça serait une identité coloniale, imposée par l'Eropa**[23]. Elle divorcerait, par-là, d'avec la longue histoire de ses ancêtres. On chanterait, pour elle, un *Kasala* a-historique. Nos déportés vers l'Eropa et l'Amérique, qui se servent de cartes plus authentiques

---

[22] La question du genre « Que signifie Kasalu ou Jibikila » relève du registre de sens ou de significations, en langage obscur « relève de la sémantique.

[23] **Eropa**, ce n'est pas une faute d'orthographe, mais la reproduction d'un nom Cyaka : *E-Ropa, I-Ropa, Mi-Lopa, Ci-Lopa/-Ropa*. Il signifie « rouge », « sang » avec la nuance de sang impur, le cas de menstrues ou du sang de nez. C'est pourquoi on considère le *Bu-Lopwe /-Ropwe* « couronne rouge » comme un pouvoir acquis par le sang, tandis que le *BuMfumu* « couronne blanche ou noire » est le pouvoir de *Maboko-Mpembe*. En Afrique, on devrait enseigner aux enfants à écrire **Eropa** (forme consacrée par l'Académie de la Pensée Africaine et pae l'Afrocentricité Internationale) pour garder la suprématie sur la définition.

allant de 1450 à 1750, c'est-à-dire du 15 ^{ème} au 18ème siècles, **ne l'identifieront pas sur ces cartes**.

Une Carte de l'Éthiopie Centrale nous permet de l'identifier sans difficultés. Cette carte nous prouve que le terme « Bantu / ci-Bantu » n'est qu'un **substitut de Cyaka** ou **Ba-Nkaka**. L'Eropa savait depuis l'Antiquité que l'Afrique était habitée par les Éthiopiens. Elle savait aussi depuis le 15ème siècle que l'Afrique Équatoriale ou Sub-Équatoriale, donc l'a Haute-Éthiopie, est habitée par une seule Grande-Nation , à savoir : CYAKA / CHAKA / TCHAKA:

https://www.flickr.com/photos/internetarchivebookimages/14781202114/in/photostream
Nom Cyaka / Tchaka en bleu et Océan Éthiopien en noir sont insérés par nous.

L'Eropa savait qu'à partir des années -650, les anciens BaKam / WaKam avaient décidé d'abandonner le Pays de

CiKam, alias Egypte, et de rentrer au Kongo, aux sources du Nil, qu'ils considéraient toujours au cours de tous les millénaires passés dans ce pays du Delta du Nil, comme leur Patrie, comme *NTanda-ya-Ndela, NTanda-ya-Ndelu,* en abrégé : *Dya-Ndel(a,e,u)* « Pays Natal, Région d'Origine ». La Capitale Pharaonique et le Feu Sacré de la Royauté ont été ramenés à partir de cette période vers le Kongo-Zaire.

Une Carte plus actuelle nous donne :

Le premier Fleuve au nord de Matamba est le Congo/Zaire. La frontière sud-ouest est la rivière Kwango. La frontière sud touche le Fleuve Kunene. Les sources du Fleuve Zambesi/Zembele sont à l'intérieur de Matamba.

Copyright: Dr.M. Bilolo, INADEP

Ainsi, en présentant ou en identifiant Mamu Kasalu Jibikila **comme Cyaka / Tchaka de Matamba** ou **du Congo-Zaire**, toutes ses sœurs et tous ses frères de l'Amérique du Nord, de l'Amérique Afro-Latine, Congo-Latine ou Cyaka-Latine, qui ont gardé de leurs parents le souvenir de leur origine comme *Cyaka* de Bengwela, d'Angola, du Congo-Loango, de Matamba, de Makoko, de Kasanga-Kasanji, de Cimbeba, de Mosambike / Musambuke ou de Mwena-Mwezi, etc. l'embrasseront. D'ailleurs, elle se retrouvera elle-même, sans peine, sur la plupart des mappes-monde, des planisphères et des globes terrestres antérieurs à l'an +1800, c'est-à-dire d'avant le développement de Sciences Anti-Nigristes et d'avant l'invasion de l'Afrique par l'Armée de l'Alliance Eropa pour l'Occupation et la Balkanisation.

Le terme **Cyaka /Chaka /Caaka** ou **Tchaka** par lequel on désignait la **Nation Majoritaire de la Haute-Éthiopie** ayant été écarté par les Afrocidaires et remplacé par une multitude de noms des villages, des paroisses et des secteurs, qu'il nous soit permis de nous concentrer sur le Congo-Zaire afin d'illustrer le **Domaine Géographique de Cyaka-Matamba** :

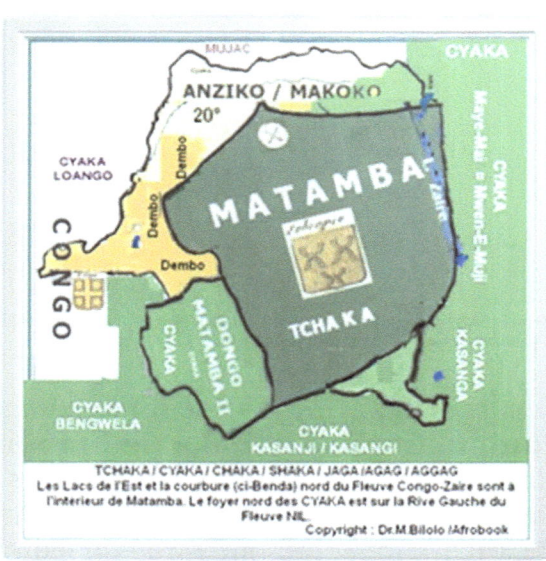

CONGO-ZAIRE
LE COEUR DE L'ETHIOPIA = DES TCHAKA

2.
Généralités sur KASALU et SALA dans Ci-Cyaka et Ci-Kam

2.1.*KASALU : Possibilités de lecture et de compréhension en ci-Cyaka*

A première vue, le nom **Ka-Salu** ne pose aucun problème. Le verbe –**Sala** est connu de toutes et de tous, grâce à la généralisation de la vaccination (*di-sala. bi-salu, nsalu, ci-salu*). Mais, un examen attentif ne tardera pas à révéler que ce nom est plus compliqué qu'on ne le pense.

Il peut s'agir de :

> 1° Ka-Salu /-Sala < -Sala
> 2° Kasa-Lu /Kasa-La < -Kasa
> 3° Ka-Sa-Lu / Ka-Sa-La < -Sa- ou –Sa-Ra.

Celui ou celle qui connaît le ci-Cyaka de Matamba ajoutera que ce nom est aussi apparenté au nom de :

> 4° Ka-Sadi < -Sadi /-Sari
> 5° Ka-Zadi < -Zadi / -Zari

Le mot –*Sadi/-Sari /-Zari* est important, car ses variantes locales sont, e.a. : -**Sayi (>Ka-Sai)** et **Zair**(e) [24].

---

[24] Il nous faut revoir les noms de nos rivières et lacs. Les noms précoloniaux doivent absolument être réactivés, car ils nous permettent de comprendre et de reconstruire notre Histoire. Nous nous

Nous vous épargnons de la liste des mots et de leurs significations, car la plupart de ces mots et significations sont attestés dans les Textes Sacrés de BuKam Pharaonique.

2.2. SALA : Plus de 7000 ans d'histoire écrite

Le mot **Sal(a,u)** a plus de **7000 ans d'histoire** et il va sans dire qu'il véhicule plusieurs sens. Il n'y a aucun nom dont la forme écrite est vieille de plus de 4000 ans, à moins qu'il s'agisse d'un nom originaire de la Vallée du Nil et à partir de 4000 ans, d'un nom d'origine asiatique, donc négro-asiatique, alias indu- ou indo-asiatique.

L'avantage d'un tel hommage est qu'il illustre de façon très vivante l'apparternance de CiKam, c'est-à-dire de la Langue de l'Égypte (BuKam / CiKam) Pharaonique à la Famille Linguistique Cyaka ou Ntu, tout en valorisant, tout en réjouissant les yeux et les cœurs de tous les KaSalu, Ci-Salu, Ki-Salu, voire Mu-Salu.

---

permettons de proposer l'usage des noms ou des régions hydrologiques suivants :

1° **Ka-Zaire** ou „Petit Zaire / Petit Nzadi ou Nsadi", c'est la Grande-Rivière Kasayi.

2° **Ci-Zaire** ou « Le Grand-Zaire », c'est le Grand-Fleuve **Zaire-Congo**.

3° **Ziba-Zaire** ou **Shiba-Zaire**, c'est la Région des Grands-Lacs, la Constellation du **Grand-Lac Zaire-Nkoko** alias Tanganyika. Cette Zone peut aussi s'appeler : **Constellation de Lacs Zika-Zaire** « Nord et Limite boréale du Bassin du Congo-Zaire » ou **Buta-Nyile /Bota-Nyile** ou **Kela-Nyile** ou encore **Shimi-a-Nyile** « Source du Nil ; Naissance du Nil».

4° **Sema-Zaire**, c'est la Zone des Sources (= *n-Semo < lu-Sem<a,o>)* du fleuve Zambeze/Sambeshi, du fleuve Congo-Zaire et de la Grande-Rivière du Ka-Zaire.

C'est pourquoi, le cadeau qu'on peut faire aujourd'hui à la Maman Africaine, à la Maman **Kasalu Jibikila**, est de lui révéler l'existence de son nom et la forme écrite de son nom et cela, plus de 3000 ans avant l'existence d'une seule ligne de la Bible, plus de 5000 ans avant l'existence d'une seule ligne de Coran, plus de 6000 ans avant l'écriture de l'anglais ou du français.

Le Pharaon ou le Mfumu, mieux tout homme, est, comme nous le verrons, **SA-LA / SA-RA** « Fils de La, Fils de *Rua* ou du Dieu Soleil ». Toute femme, toute Reine, est CI-SA-LA « Fille de La/Ra, Fille de *Rua* (> Roi ?) ou du Dieu Soleil (*Mwan-a-Loba, Nk-As-a-Diba*).

Notons que **Sala** signifie aussi le « Sommet », « Le Premier-Né », « La Fille-Aînée ». C'est ainsi que nous nous présentons parfois, dans les rencontres avec les coryphées de *Ci-Kam Ci-Pya ci-Pya*, le cas Mufuta Kabemba, Nzuji-Madiya, Mpunga wa Ilunga, Bimwenyi Kweshi, Museka Ntumba, Kabasele Lumbala, Mufuta Bitupu, Ngandu Nkashama, etc. comme : NSALA WA ILUNGA MBIDI ou N-SALA A DIBA KATANGIDIBWA CI-SHIKI « Fils de Ilunga-Mbidi, Fils du Soleil qu'on ne peut fixer en face ».

Ce titre est synonyme de *N-Sala-a-Ma-Tamba*, du « Fils du Dieu-Créateur de Ma-Tamba ». Ilunga est le pont qui rélie les « Deux Rives ou Branches » (*N-Tamba Ibidi*). C'est le Roi du « Double-Pays », donc de Mbidi ou de Ma-Tamba. C'est une Histoire de plus de 7000 ans et non une histoire du 17ème siècle comme l'Histoire Balkanisante et Coloniale l'enseigne.

CI-SA-LA ou Ci-SA-LO (/U) signifie « Fille (Ci-Sa / Ka-Sa) de Dieu-Créateur de la Lumière et de la Chaleur (La /Lo) », est la « Fille-Aînée de Dieu ».

Dans les **Textes Sacrés**, la « Fille-Aînée de Dieu », la « Mère-Primordiale » (***Ci-Mawu /-Mau /-Mamu,** Ci-Maye* en espéranto T-Mw >*Mwt,*) est, dans la Conception de la Création de la fin du 7ème millénaire, caractéristique de la Ville de *CiNu / Bw-Inu*, en espéranto *wn.t < T-Wn(w)* la Jumelle de −***Washil / -Ashil / Ashira /-Ushil*** et − ***Azil,*** en espéranto ya ci-eropa « Osiris »[25]. On l'appelle **Isis**[26]. :

La graphie avec la chaise/le siège ou le banc ( ), c'est-à-dire avec −ASA / NKWASA, impose la lecture : *dy-Asa, dy-Ashi, cy-Asa, cy-Ashi, dy-Esa / dy-Ese, dy-Ashi, cy-Anza* ou *dy-Anza,* sans oublier *Ci-kAzi, Ci-mw-Asi.* Le signe = *-SA / -ISA / -INSA* « noix, noyau » permet aussi de lire : *di-Swa, ci-Swa, di-di-Swa,* ... ainsi que *Ci-iSa, Dy-Ashisha, Ci-/Di-Sasa, Di-Sase,* voire *di-Sashi.*etc.

Bref, -Asa, Kwasa, Basa /Wasa, placé au cœur de mots *-Asi /-Aji/-Azi/-Ashi ; -Swa/-Se; -Shi /iShi /-Isi /-iSa / iSe /-Asi /-Aji/-Azi/-Ashi ; -eShi/-eZi,* alias **Isis** , confère à ces mots le sens de « construction, fondation, base, résidence, domicile, siège », de « commencement, début », de « féminité (*mw-Asi, ka-Azi/-Ashi*) et de

---

[25] ÄHWB., p. 47 :

[26] ÄHWB., p. 3 :

fécondité », sans oublier cle sens de « l'amour, la générosité » *(-swa > di-swa, ci-swa, kuswa ; dyese, luSa)*.

Nous avons évoqué ces deux noms, car leurs sens sont aussi bien dans *KaSaLu* ou *CiSaLu*, dans SA et LU/LO, que dans *KaSa / KaAsa*.

Une question du genre : « Montrez, à la lumière de Ci-Kam Pharaonique, les convergences et les divergences graphico-sémantiques entre *KaSalu et KaShala ou Cyashilu* », devient possible.

Le mot *Sala /Salu* est très richesse. Il est constitutif de notre Vision du Dieu Créateur, de notre Vision du Chef et de notre Vision de l'Homme. Le mieux aurait été de contourner le nom de « KaSaLu », en prétextant que l'Hommage est consacré à Tshisekedi wa Mulumba et non à son épouse.

Mais un proverbe Cyaka dit :

Wasenga Kanku (/Nsanza / Kabanga),
Wasenga CiBwabwa (/Mbuyi /Kapya, Kyungu)

« Si vous louez le puîné des jumeaux, louez aussi l'aîné des jumeaux ».

Soit dit en passant, le jumeau s'appelle en ci-Cyaka : **-Pasa** var. **–Hasa / -Asa**.

2.3. *PASA / HASA* (⟨hieroglyphs⟩) *vient-il aussi de l'Égypte Pharaonique ?*

À cette question, la seule réponse qui s'impose est : « Oui ». Pasa étant un mot du vocabulaire commun de multiples variantes locales Cyaka, il ne peut ne pas être dans la variante multi-millénnaire de ci-Kam. Ce mot est aussi dans de *ci-Kam* / *ṯi-Kam,* alias Ancien Égyptien.

Il s'écrit :

Ci-Kam cya-Kale	Ci-Kam cya-Lelo	Espé-ranto	Traduction
27	Di-Pasa /-Pase /-Pasha / ⲡⲁϣⲉ	*pš.t*	Jumeau ; Partie ; Moitié ; Action de diviser en deux, de scier en morceaux
	Ci-Pesa /-Pese /-Pesha / ⲡⲁϣⲉ	*pš.t*	Morceau ; Partie , Tranche ; ⲡⲁϣⲉ
	Pasudi (ci-/ka-)		Qui déchire ; Qui hache (>Hache)
	Di-Paswisha	*pśš.t*	Le fait de diviser en deux, de partager en plusieurs morceaux
	Di-Pashisha		Faire diviser, faire morceler ; le fait de fendre en tranches
	Di-Pasuka		Le fait d'être partagé, déchiré. morcelé
<28	pasa, pasha ; panza	*pš*	Diviser, partager, scier; morceller

---

27 ÄHWB., p. 55 :

28 ÄHWB., p. 55. Actuellement, les linguistes créent les « langues » avec les variantes du genre « s/z » et « sh /ch ». Mais on voit comment le ci-Kam travaille avec le « s/z » de *SoSo/Sonso/Zonzo* (), le « Sh /Sch/Ch » de *Shiba* ( ) sans oublier le Swi/Sh de *Shita/Shinga* (,). Même l'ordre de consonnes, exemples, « s-sh » est respecté. **PaSwiSha :**

	Pasula	pš r	Diviser, déchirer, partager

Les mariés sont comme *Ban-a-ma-Pasa/-Hasa,* comme des jumeaux.

Ainsi, en louant, en rendant hommage à Tshisekedi (= *pa ku-Lumba wa Mu-Lumba*), il ne faudrait pas oublier son épouse. Sur ce point, la Déesse de la Vérité-Justice-Droiture-et-Solidarité, *Caama / Tyame, Ca-Mei /Camei Malelela,* alias **Maât = Tama** ou ⲘⲉⲉⲨ, risquerait de nous envoyer les sorciers célestes, les *bi-ropa, les mi-lopa,* les *tumfidi-mfidi / tu-efile twa mu mayi* « les mauvais esprits de l'eau ». Notez que **Cyama / Cya-Mei est** une abbréviation de :

	Cya-Malelela	« Mère des Paroles Véridiques »
	Cyamei-Malelela	« Mère des Lois véritables et justes »
	Cyameyi ne Cya-Ma-Cyama	« Mère des Lois justes et des Défenses »

Ainsi, **Mfidi-Mukulu wa Cyama /Caama** est une clé de compréhension de la Notion Africaine de Dieu :

	Mfidi-Mukulu	Ntr–Wr	Dieu-Primordial ou Dieu-Suprême

⟨handwritten hieroglyphic notes⟩ teilen ; zerlegen ; scheiden ; einteilen ; Anteil haben ; Nuuy. —— X , ⟨signs⟩

Une lecture du genre : *Pasa (m-) Pese* « fragmenter en morceaux » est possible.

[29] https://de.wikipedia.org/wiki/Maat_(%C3%A4gyptische_Mythologie)

	wa Cyama /Caama	*M3ᶜt*	Mère de la Vérité-Justice-Rectitude-et-Solidarité
	Cyameyi ne Cyama-Caama	*M3ᶜt*	Matrice de Lois et de Défenses véritables

S'il est prouvé que Tshi-Sekedi (*śjkr* 𓈖𓏤𓀀 ,[30] *Śḳri*) est un nom monumentalisé dans les Textes Sacrés de CiKam Pharaonique, et cela il y a plus de 7.000 ans, donc plus de 3000 ans avant la Bible dans toutes ses composantes, il serait injuste de ne pas examiner, à la lumière des Écritures Sacrées (*Madw-a-Ndela ne a-Ndelu / Mifundu ya CiZila*)), le nom de son épouse.

---

[30] ÄHWB., p. 154.

3.

⟨hieroglyphs⟩KASALU dans ⟨hieroglyphs⟩ : « Paroles de Dieu » ou « Éritures Saintes »

Dans ce nom, il y a un mot que tout Africain ou toute Africaine devrait connaître. On ne peut pas se présenter comme philosophe ou théologien, lorsqu'on ne connaît pas la profondeur cosmo-théologique de ce nom. On ne peut pas non plus se dire politologue lorsqu'on ignore la signification et l'impact cosmo-politique de ce nom : **SaLa/SaRa** ou **SaLu/Saru**.

Rappelons que le Pharaon, *m-Fumu*, est SA-LA /SA-RA, au sens de « Fils de Dieu », « Fils de LOBA /ROWA /ROA /RYUBA /RYUA ».

Tout homme est fils de Dieu. **Toute femme est fille de Dieu**, est **Ci-SALA**, **Ci-SALU** ou **KA-SA-L(A,U,O)**. C'est ce postulat de la Pensée Bantu « Fils de Dieu » que d'aucuns plagieront sans vergogne, après plus de 4000 de célébration de l'Homme Kam, du Serviteur de WaKam comme Sa-Ra.

L'impunité de la criminalité théologique rend les criminels arrogants. C'est ainsi que les pirates du « coltan religieux africain » contraignent les Africain(e)s, grâce à la puissance de leurs armées, de leur industrie d'abroutissement médiatique et grâce à l'argent pillé, d'accepter que cette **« Pièce constitutive de l'Identité Théologique Multimillénaire Indu** (= *ya Ba-Indo = Negro-Africaine*) serait une « révélation inédite » du Dieu-Eropa.

Ces expressions étant constitutif du Substrat Théologique Negro-Africain jusqu'à ce jour, les pirates théologiques sont contraints de nous imposer les inadmissibilités historico-religieuses par le truchement de leurs langues rudimentaires et de leurs « laboratoires de fabrication des pasteurs ». C'est l'usage de ci-/ki-Eropa en Afrique (langues de Mi-Ropa / Ci-Eropa) qui donne à l'Eropa l'autorité sur la définition et sur l'interprétation de ces plagiats et platitudes.

Voici **Sala** d'où dérive **-Salu**, dans les *Saintes Écritures Africaines* :

Ecriture Sacrée	Lecture ci-Cyaka	Espé-ranto	Traduction
	KaSala, KaSalu < SaRa, Sala	S3-*R*ᶜ	Fils du Dieu-Soleil (de Ra)
			Esprit (*Ka*) de l'Enfant (*Sa/So*) du Dieu-Soleil (*La /Lo*)
	Mu-SaLu ; Di-SeLa		Chef ; Ci-Lolo
<-	*LwiSo, LuSe, LwiSa*		Cadet (du Dieu-Soleil) ; nkaSa
	CiSaL(u,o,a)	t-S3-*R*ᶜ	Fille du Dieu-Soleil
	CiSaLa		Branche/ Descendance / Lignée du Dieu Soleil

C'est cela le sens premier de ce nom : *KaSa (ka) Ra/Ro/Ru/Ro/La/Lu.*

L'Homme n'est pas *Riwa/ Ra / Diba / Loba* « Soleil », il est Sa / SeSa « Fils /Fille » du « Soleil ». Il est *Lu-SaSa, Lu-SeSa* du Soleil, un « Rayon Solaire », une « Étincelle de lumière » dans le Halo (***ci-Salu***) solaire.

Pour entrevoir la richesse des sens de ce nom, il faut le décomposer. Car chacun des signes utilisés véhicule une série de sens et de possibilités d'usage :

Voic**i Sala** d'où dérive **-Salu**, dans les Saintes Écritures :

Ecriture Sacrée	Lecture ci-Cyaka	Espé-ranto	Traduction
	KaSala, KaSalu < SaRa, Sala	$S3-R^c$	Fils du Dieu-Soleil (de Ra)
			Esprit (*Ka*) de l'Enfant (*Sa/So*) du Dieu-Soleil (*La /Lo*)
	Mu-SaLu ; Di-SeLa		Chef ; Ci-Lolo
<-	LwiSo, LuSe, LwiSa		Cadet (du Dieu-Soleil) ; nkaSa
	CiSaL(u,o,a)	$t-S3-R^c$	Fille du Dieu-Soleil
	CiSaLa		Branche/ Descendance / Lignée du Dieu Soleil

C'est cela le sens premier de ce nom : *KaSa (ka) Ra/Ro/Ru/Ro/La/Lu*. L'Homme n'est pas *Riwa/Ra/Diba* « Soleil », il est Fils /Fille (*Sa, SeSa*) du « Soleil ». Il est *Lu-SaSa, Lu-SeSa* du Soleil, un « Rayon Solaire », une « Étincelle de lumière » dans le Halo (***ci-Salu***) solaire.

Pour entrevoir la richesse des sens de ce nom, il faut le décomposer. Car chacun des signes utilisés véhicule une série des sens et des possibilités d'usage :

	So, oSo, Sa / Se	oSo, oZo, aSa > cyoSo, koSo, kyoSo, n-kaSa, n-keSe, di-Kasa. Syn. : - Sek(e,a,u, wa,we)	*s3*	1° canard
31		zolo, soso, koko, zenza, tala		poule
		aSa > n-kaSa, oSo/iSa > lwiSo, ngiSo; -kuSa		2° fils
		kesa (ka-), soso (ka-), toto (ka-), sa (mu-)		3° bébé, petit enfant (péjoratifs)
	Owa(u,o)	owa(cy-)		Oie ; plongeon des fleuves
		Owa (cy-)		Saison de pluie
		- Wa / Cya / Ba		Enfant de ; de
Notons :		Owa /Oowa	*ᶜb*	Se laver, se purifier
		Owa		pendre

31 ÄHWB., p. 140

32	TyoSo / CyoSo / KyoSo ; CiSa, Kasa, CyaSa ; CiSwa	*t-s3 / s3t*	canard
Nb.	DiSwa / CiSwa DiSo / DiSu		Nid d'oiseau Oeil
	Oso / Onso /Cy-, tw-)		Tout, toute, tous; total ; totalité
33	Mu-Sa a-Mal-andi	S3- mr.f	Grain /Progéniture de ses Intestins
	Ca-Mal-andi		
	Mu-Sa Mulel-ende		Grain /Progéniture Engendrée par Lui/Elle
			Enfant qui est sa progéniture
	Mu-Seke/Ka-Susu ka Malandi		Progéniture de ses Intestins[34]

---

[32] ÄHWB., p. 140 : :

s3.t   Tochter.

s3.t-msw(?) Prinzessin.

[33] ÄHWB., p. 140.

[34] L'E-Ropa ne connaissant pas les nuances entre *Malanda, Mulanda, Mulela, Mulanda, Mulunda, Malela, Malunda, Mala-andi,* etc. rend cette expression par « Enfant de son Amour ; Enfant Aimé de Lui ». *Nkole / Nkulu* n'est pas « Aimé » comme « étranger », il est la « Progéniture / Descendance / Graine issue des Intestins de Son Père/de Sa Mère La / Ryua / Lolo / Loba ». *Nkole mMwanende* est synonyme de *Nkole Mal-andi, Nkole Mal-ende* et non des enfants d'autrui que Le Père-Primordial, la Mère-Primordiale « aime ». En ci-Cyaka, le signe objet *di-/ma-Landi* « limace, limaçon », présenté

	Dy-eSe Mulenda Ky-eSe Mulende		Chance, aubaine, prospérité, succès, bonheur ; source de bonheur et de prosperité
⊙[35]	iSo		1° orifice ; trou
	iSo		2° oeil (diSo, meSu)
	Lola		regarder avec les oeils grandement ouverts
	Lulu / Lolo		Pierre arrondie percée d'un trou au milieu *(ka-banga ; diBwa-Lala)*
	Riwa /Diba /Ryuba		Soleil
	Sasa		Soleil vers 9 heure ;
	Sasa		bourgeonner, pousser, repousser;
	> mu-Sasa		bourgeon, pousse / progéniture
	Nkankala, nkanga		Soleil de midi
	Kalu = Ka-Salu		Cour ; Cercle ; Couronne

---

comme le serpent *Lwende/Dyende* ou comme *Pandi / Penda* « serpent à cornes », permet d'écrire *Mala* « intestins » - *Andi /Ende* « à lui, à elle ».

35 https://de.wikipedia.org/wiki/Gardiner-Liste, signe N5.

⊙	SALU (ka-/ci-)		Halo de : lune, soleil ou étoiles) ; Auréole ; Cercle de rayonnement d'un élément central
36	Lu-SaSe /-Sanzu Mu-SaaSa Ka-Saashi /-Sanzi /-Sanza Var. ci-Sangi, n-Sangi	*S3-nsw*	Étincelle de lumière ; Branche d'arbre ; plante entière, pied (*di-sanzi, di-shina*) ; Chef subalterne, Chef de nome ; nomarque
37	N-SaLa /-SaLu /-SaLo Mu-Salo/-Salu/-Sala Ci-Sala/-Salu/-Salo LuSase	*S3-R^c*	Roi ; Mfumu ; Chef ; Cime / Sommet Étincelle

---

36 ÄHWB., p. 141 :

s³-nsw(?) Prinz.

Ce titre montre que Ki-Nshasa signifie aussi „Siège Royal », « Domaine du Prince *Ka-Sansu / -Shanza*». C'est un nom très riche, mais peu thématisé.

37 ÄHWB., p. 141 :

s³-R^c Königstitel.

La lecture *LuSase / LuSasa / LuSanza* est aussi possible à cause de ⊙ comme « *di-iSo /-Isu ; di-Soso* ».

	Banza ; Bacila, LuPata		
	> SoLa, ZoLo, Sala		> « Solar » ? « Sole »? > « Soleil »
38	Sato /Sata (lu-/n-)	S3-t3	Boa, python
	Zoka / Soka (n-) = Nyoka		serpent
	Lw-Asa / Lwasasa		esp. De serpent
	Sanda (mu-)		Ver (de terre ou de ventre)
	Cyololo		esp. De ver
En lisant :	Sa/Ka – Ta/To/Ci > ToKa (n-)		Vipère

	CiSa ; CiSwa ; DiSwa	t-S3	Nid ; Matrie /Patrie ; Foyer d'Origine
39			
	Sadi, Cadi, Kadi > Kazi, Kash, Kaji	Ś3t	
	Kas(i,a), Kaza, Kash	Ś3t	
	Kadi ; Kash ; Kote ; Kodi ; Ketu	Ś3t	
	Sela > Sedi (ci-/mu- /ka-)	š3t	

---

38 ÄHWB., p. 141 :

s3-t3 Schlange.

39 ÄHWB., p. 141.

Rappel :	Swa (lu-, n-, ci)[40]		Fourmis ailée ; couleur brune ; brun, brûnatre

La particularité de **KaSala** est qu'il souligne la lignée de filiation directe entre tout Cyaka et Dieu LA /**Ryua /Loba** ou **Diba**. Tout Cyaka est **KaSaLa,** est **KaSalu, est Fille ou Fils de Ndela-Mukulu.**

Mais la liste de connotations (*Tu-Nungu*) de −SAL- est longue. Et chacune de possibilités est enrichissante :

CI-KAM	Ci-Cyaka	Espé-ranto	Ci-Eropa
[hieroglyphs] [41]	ci-Salu ; Cyanda, Cyalu	*š3ḏ*	Espace ou cercle public
	Disa		Faire manger >Fête ?
	Diswa		être content de soi ; se vanter > Fête ?
	Dyese		bonheur >fête ?

---

[40] Les **Chaka** se saisissent du point de vue de la pigmentation, c'est-à-dire de la couleur dominante ou moyenne de la peau, comme **a-luSwa** « bruns ». Mais le terme qui tient compte de toutes les nuances est *a-nkaka* « pangolin ». Sa couleur va d'albinos au noir charbon (= m-pidi « noir bleu, noir nilotique » au sens de ci-Matamba), en passant par plusieurs nuances du sable (*lusenga lwa ma-laba*).

[41] ÄHWB., p. 153 :

š3ḏ [hieroglyphs] *e. Fest.*   [hieroglyphs]

[hiéroglyphe] 42	Solola > mu-Solo	śr	expliquer, éclairer, causer, converser
[hiéroglyphe] 43	Mu-Salu ; Di-Sela , Mu-Sala	śr	Chef subalterne ; Ci-Lolo ; Mu-Sadidi
[hiéroglyphe] 44	n-Sala, ci-Sala ; n-SalaSala	śr.ṯ	
	CiSalu ; Di-Sala ; Lu-Sala(u,o) ; Lu-Sela ; Di-Sele	śr.t	
	CiZadi ; Ci-Sadi	śr	
	Lu-Soso /-Sonso ; Lu-Sweswele	śr	
	LuTwisha ; di-Tonto	śr.t	

---

42 ÄHWB., p. 165 :

śr [hiéroglyphe] verkünden, vorhersagen ; [hiéroglyphe]
cwp.

43 ÄHWB., p. 165 :

śr [hiéroglyphe] Vornehmer ; hoher Beamter ; Rat ; auch Fürst (aber nie von ausländischen Fürsten). [hiéroglyphe]

Là où il y a le Y/i, nous proposons de lire : –Sadidi, -Sadila, -Shile/-Shilu.

44 ÄHWB., p. 166 :

śr.t [hiéroglyphe] Dorn ; Stachel ; coype.

	// Dy-eBa, di-Ba, mw-iBa ; mu-nkangi		
NB. ∩	Salu > n-Salu, ka-Salu	ś	habit/étoffe/tissu
	Sanya / Senya (ci-)	ś	plis, plissé
Nb. ∩	SoSo a n-Salu ; Nsonsu a n-Salu ; lu-SonSo	ś	plis de l'habit ; étoffe plissée
Bala:	N-Sal-a-ci-Sala, Ci-SalaSala	Śr- śr.t	
🜚 [45]	Sala / Shala	šᶜd	inciser, tatouer, entailler, vacciner, couper
	Sala n-Salu	šᶜd	faire les tatouages, tatouer
	Shayila, Sheyila / Seyila /Sayila ; Sesela, sasula	šᶜd	dépecer, disséquer, couper en petits morceaux, découper
NB.	Ci-Sayilu / -Shayidu	šᶜd	abattoir , boucherie

---

[45] ÄHWB., p. 179 :

šᶜd 🜚   (seit m.R., statt šᶜ) abschneiden; zurechtschmei-den; zerschneiden; ⲱⲱⲧ ; vgl. 🜚 ; ḫꜣ.

Ch/K	>Kela , Kala, Cala[46], Cadi, Shala	$š^cd$	« couteau
Lecture possible	Sadisha	$š^cd$-s	pratiquer des tatouages
< [47]	Sheya / Shaya / Seya / Saya	$š^c$	disséquer, découper, scier
	Zeza ; zaza ; sesa	$š^c$	tronçonner, morceler; couper
	Kosa / Kesa / Keta	$š^c$	couper, découper
	// Seso / Sesu (n-)	$š^c$	Erminette / herminette
	// Suyi (ka-/ci-) ; CiiSu		hache
[48]	ci-Salu, ci-Sal(a,e), ci-Sadi /-Cadi, ci-Kedi, ci-Ketu	t-$šri$	jeune fille ; cadette
	Mu-Kala ; ci-Kala, ciLwisu,	t-$šri$	cadet, cadette

---

46 Le C permet, à cause de ses multiples lectures, de découvrir les variantes dialectales ou locales d'un mot. Exemple : *Cala > Sala, Shala. Chala, Kala,* voire *Cyala, Cyala*

47 ÄHWB., p. 179 :

48 ÄHWB., p. 185, Ce nom peut aussi se lire : Ci-Sedi /-Shedi ; Ci-Sela.

	a-Lwiso, Ka-Shile		
49	KaSalu	g3s3rw /gśr	bracelet ; couronne ; halo de la lune
	Ka-Salu ka di-Kosa / -Koshi		Bracelet pour le cou / Couronne d'Ivoire
	Ka-Salu ka lu-Kasa		Bracelet/Bague pressé(e)
	Ka-Salu kaKasa ; Ka-Salu ka mu-Kasi		Bracelet pétri ou du pétrisseur
	Ka-Zele /-Sele		Anneaux
	Ka-Salu ka kaEshi		Halo de la lune

Nous ne voulions pas nous attarder sur **CiSalu,** mais le nom s'est révélé beaucoup plus complexe qu'il ne l'est en partant de l'usage courant le limitant au marché ou à la couronne.

Maman Kasalu et toutes celles ou tous ceux qui portent le nom contenant –*Salu* peuvent s'informer auprès du Prof. Tshiamalenga Ntumba ou de tout(e) africain(e) qui connaît l'allemand (*ci-doci*), il/elle leur comfirmera que le sens de bracelet ou de couronne est aussi corroboré par les Dictionnaires *CiKam* (Ancien Égyptien) – Allemand (*Ci-Doci*) :

---

49 ÄHWB., p. 200 : gśr (neuäg.) Ring ; ксоүр.

Mais Maman Kasalu n'a pas besoin d'autorité étrangère, car elle voit elle-même la graphie du bracelet ou de la couronne dans l'écriture de son nom

Le dernier signe en partant de gauche vers la droite est un cercle. Que le cercle puisse représenter un collier, un anneau, un *nkata*, etc., cela va de soi et demeure dans le contexte de métaphores du signifié.

Signalons que KASALU peut aussi se lire et s'écrire en ci-Cyaka de Matamba :

GASALU / GASHALU ; CASARU / CACHALU / CASHALU.

Ainsi le Royaume de Kasanga-Kasanji est aussi écrit selon les auteurs : *Casang(a,i)-Casanji, Gasang(a,i,e)-Gasanj(i,e), Gashanje, Kashanga,* Kashanshi, voire *Kasashi,* ...etc.

Pour revenir au thème de notre hommage, nous savons que l'Afrique Équatoriale et Sud-Équatoriale a beaucoup de KaSaLu. Pour prouver qu'il s'agit ici de **Kasalu Tshisekedi**, il faudrait examiner aussi son prénom véritable, un prénom non emprunté aux esprits et aux *bikashi-bikilu*, voire aux *myanu* « mythes, contes et légendes » d'outre-mer. Ce prénom sacré, documenté dans les *Madw-a-Ndela* a-*ku-Ndelu* et éviternisé par l'Écriture Sacrée, est **Jibikila.**

Cet examen du prénom **Jibikila /Shibikila /Zibikila** est nécessaire pour éviter la confusion éventuelle sur la personne à qui ce texte est consacré.

Signalons qu'en ci-Doci, ce nom ne peut s'écrire qu'avec un Shi-, un Zi- ou Gi-, mais non avec Ji-. Cette syllabe Ji se lit en ci-Doci : Yi , ii / i et dans d'autres langues comme Di.

Ainsi le Dictionnaire de ci-Kam et ci-Doci que nous utilisons transcrit le « i » final comme un « j ». Par exemple : **Ntrj**. Il ne faut pas lire **N̲trj** comme *NteleJi, NtereJi, NdereJi* ou *NdeleJi*, mais plutôt comnme *Nted**i** / Nteri* ou *Ndedi /Ndeli /Nder**i***.

4.

ZIBIKILA / JIBIKILA dans
Madw-a-Ndela, alias Mdw Nṯr
« les Paroles de Dieu »

Pour mieux analyser le mot *Jibikila*, il faut écrire le J avec S, Sh, Z ou Ch, donc l'écrire comme suit : **Zibikila, Shibikila** ou **Sibikila**.

Nous ne cesserons pas de le répéter, le « J » a le désavantage d'être lu 1° comme « Yi / I / i » et 2° comme « Di / Ri / Ti / Gi ». Toutefois, le choix de la variante **Shi**, **Zi** ou **Si** présuppose la connaissance du sens.

4.1. *JIBIKILA à la lumière de ci-Tchaka-Matamba*

Le nom *Jibikila / Shibikila / Zibikila* vient du verbe : - **Jiba / -Shiba / -Ziba**.

Shiba / Ziba (ku-)	fermer, clôturer, barrer, boucher
>Shibika /Zibika	fermer, obstruer, clore, boucher > *ci-shibiki* « bouchon »
>Shibikila / Zibikila	combler (une fosse ou une tombe), ensevelir, enfermer ; couvrir (la voix d'une autre personne) = *bwikila*

En ci-Matamba, le radical *Shiba* ou *Ziba* n'est pas le radical de fond. Il vient d'un autre verbe ou radical, à savoir :

Baya / Bai	barrer (le passage), barricader, caler, bloquer, tenir ferme, soutenir (se dit de la lutte), construire le rempart
>*Baya (di-)* <*Basa (ci-), Bau*	Planche ; bloc de bois
// -*Paya*	« fixer, barricader, intercaler, entasser, bloquer »

Si un Cyaka voulait écrire -Shiba / Ziba ou −Baya, il prendrait les signes suivants :

	Objet:	En ci-eropa	Repré-sentation
1.	Bayi (ci-)	pieu, poteau de porte	
	Bayi (ci-)	grande défense d'éléphant	
2	Paya/ Papa / Haha, Pampa (ci-)	pieu de barricade	
3	Baya (di-)	planche, cale; écueille en bois	
4	Ci-Bi	Porte, Portail	
5	Ziba / Shiba	lac, étang, mer	
	Papa (ci-)	surface ; région, domaine ; parcelle limitée par une palissade	
6	Bua / Buwa (ci-) = Bumba / Imbo (ci-)	mur, murailles	NB. ☐, ▭ Bu-a(di-)

| 7 | Shibiki / Shibikidi / Zibika / Shibikila (ci-) | bouchon, couvercle (*cibwikidi*) ; rideau | |

4.2. *JIBIKILA dans* *« Paroles de Dieu » (Madw-a-Ndela)*

Après cette phase d'illustration de ces noms par les signes-objets qu'ils représentent, vérifions les noms de ces objets dans la Langue Sacrée des Pharaons, donc dans le Vocabulaire d'il y a plus de 7000 ans. Nous disons plus de 7000 ans, car ces signes sont déjà documentés sur les débris des objets en bois, en céramique ou en pierre. La mer, le lac, l'ivoire ou la défense d'éléphant, ... existent avant l'existence de l'Homme sur la terre. Les noms qu'ils portaient en Égypte Antique sont les noms les plus anciens de ces objets que l'Histoire Humaine connaît jusqu'à ce jour.

Ci-Kam	ci-Cyaka	Espéranto ci-eropa	ci-Eropa (Fr)
[50]	ciba, cibi, cibe (cвє)	*śb3*	porte, portail

---

[50] ÄHWB., p. 156 :

Ba bala bimpe >	Cibi ci-Shiba	*śb- śb3*	porte-fermée ; fermer la porte (*Ziba cibi*)
	Shibala / Jibala		être fermé ; être clos
	ci-Shibale		fermé, clos, bouché
	Cibi ci-Shibale		la porte fermée ; l'entrée bouchée
NB.	Shibula, Shibwila		ouvrir ; être ouverte (la porte) ou découvert
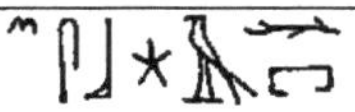 𓉔𓊪𓊪✶𓀀� $_{51}$	Cibi ci-Shiba cya pa mBelu	*śb- śb3 (ḥ)ti pr*	la porte fermée de la maison / de la cour
	Cibi cya ku mBelu ci-Shiba		la porte de la maison / de la cour (est) fermée
	Ci-Belo ci-Shibala		l'entrée / la porte bouchée
	Ci-Buta ; Ka-Ci-Buta		

Ici nous ouvrons l'horizon de l'apport africain à l'étude de ci-Kam, nous allons au-delà des enseignements actuels

---

51 ÄHWB., p. 156.

dans toutes les universités de la planète, tout en ramenant cet horizon de recherche, de prolongement et de vérification de ces recherches à la portée de plus de 600.000.000 millions d'Africaines et d'Africains.

Fermons la parenthèse, pour examiner un autre synonyme ci-Kam de la « Porte » :

𓉿 [52]	Ci-Shibika /-Zibika	*t-śbḫ*	« Qui ferme / bouche »
Bala	Cibi / Cibe ci-Shibika	*śb t-śbḫ*	Porte fermée
	Cibwikidi / Shibikidi	*śbḫt*	bouchon, couvercle, couverture
//	CiBengedi < Bengela	*śbḫt*	refus, rejet, répudiation, déni
//	CIBangidi < Bangila	*śbḫt*	Commencement; Réserver
//	CiBangudi < Bangula		Ouvre-bouchon
𓊪	Shibikidi / Shibikila /Zibikila	*śbḫ.t*	« Qui bouche, couvre, enterre » *sbḫt*
𓊪	Shibikidi / Shibikila /Zibikila	*śbḫ.t*	« Qui bouche, couvre, enterre »
𓊦	Cibi / Cibe / Ziba(ci-)	*śb3*	porte, portail

ÄHWB., p. 157 :

śḫḫ.t 𓉿   Jor.   𓊪 , 𓊪

⟨hieroglyphs⟩ 53	Ci-Belu ci-Zibika ; ti-Belu ti-Shibika ; Zibika ci-Belu ; Ci-Shibikidi cya m-Belu	śbḫ-t-pr	clôture de la maison ; porte de la parcelle
⟨hieroglyphs⟩ 54	Ci-Sambishi Tu-Sambishi Ci-Sambisha Di-Sambisha Sambishidi <Samb(o,a)	śbḫ-ty	Juge, Les Juges, Qui juge, Action de juger ; faire procès, Tribunal ; lieu de jugement, Justice, Droit, Droiture, Jugement
//	Kabadi		Tribunal
Nb. Mais aussi			Instructeur ; Enseignant ; Guide ; Formateur, Mwalimu
//	Sombesha		Tenir compagnie ; consoler
	Sombeshedi / Sombeshelu		Manière de tenir compagnie, de consoler, de visiter quelqu'un/une (- Samba)
	Di-Sombesha		Visite de consolation ; le fait de tenir compagnie

---

53 ÄHWB., p. 157.
54 ÄHWB., p. 157 :

śbḫtj⟨hieroglyphs⟩   im Titel der Oberrichter und Veziere, siehe bei s3b.

Notez que le mot et l'expression populaires de «trancher / juger **n-Sambo** » sont aussi attestés :

Ci-Kam	Ci-Tchaka	Espé-ranto	
55	Zeu / Seo / Zewu (mu-)	**S3b**	chacal , loup
	Sumba / Sumpa (mu-/lu-/n-)	**S3b**	hyène ; chef
	Somba	**S3b**	chasser
56	Samba	**S3b**	errer, courir ou aller d'un endroit à un autre, ne pas avoir de place fixe
57	Zeu / Zewu / Zee /Se (mu-)	**S3b**	Sage ; Vieux-Sage
	Soba	**S3b**	Chef
	Samba (n-/lu-)	**S3b**	Juge ; Avocat ; Plaideur d'une cause

En réalité, on a écrit :

58	Samba bu mu-Sumba	**s3b-b-s3b**	Errer comme un chacal

---

55 ÄHWB., p. 142.

56 ÄHWB., p. 142.

57 ÄHWB., p. 142.

58 ÄHWB., p. 142.

			Juger comme un Chef
	MuZewu u-Samba ; Samba bu mu-Seu/-Zee	**s3b-b-s3b**	Chacal errant ou aboyant
			Juger comme un Chef / un Sage
	Caaba/Caba n-Sambu	**s3b-b-s3b**	Trancher des Différends
	Caaba n-Sambu		Trancheur des Différends
	Sambo iSambwibwa	**s3b-b-s3b**	Les Affaires sont jugées
	Mu-Samba n-Sambo / Mu-Sambi-a-Sambu		Le Juge de Différends.
[glyph] 59	*Sambishidi a n-Sambu*	**s3b** **s3bḥ.ty**	Tribunal ; Palais de Justice
	=Ci-Sambishidi cya n-Sambu		Tribunal ; Palais de Justice

---

59 ÄHWB., p. 142:

s3b   [glyph]   Richter o.ä.
im m.R. auch als bedeutungs-
loser Ehrentitel alter Leute.
s3b - s3bḥtj (!) Oberrichter. [glyphs]

Ce Dictionnaire rend ce titre par le „Haut-Juge" ou „Nsamba a ba-Sambishidi ».

	Ci-Sambishi a n-Nsambo		Trancheur des Différends ; Juge des Affaires
⌷⌷⌷, 60	Sambisha n-Sambu	**s3b** **s3bḫ**	Juger/Trancher les Différends

Revenons au nom de *Shibikila / Zibikila*, rendu par la lettre très problématique de « J », donc par *Jibikila*.

Si nous n'étions pas sous la mauvaise influence scolaire, c'est le mot suivant que nous aurions considéré comme la forme la plus appropriée pour écrire « *Jibikila /Zibikila / Shibikila* » :

	Zibikila /	boucher, couvrir
61	**Shibikila** / **Jibikila**	
	Cibwikidi / Cibwikila / Cibwikidila	Qui bouche, qui ferme ; qui couvre // « qui pardonne »

Mais les dictionnaires suivis l'interprètent comme :

	62	Subuka / Zubuka > Subukila	excellent, magnifique, admirable, sublime, purifié, civilisé

---

60 ÄHWB., p. 142.
61 ÄHWB., p. 157.
62 ÄHWB., p. 157.

Ce sens, bien que fréquent dans le langage courant, « *subuka, subula* »[63], est omis dans beaucoup de dictionnaires ci-Cyaka. Il est possible que cela soit dû à la discrimination de sens initiatiques ou philosophico-théologiques dans la plupart des dictionnaires populaires de langues africaines.

Soit dit en passant, là où ce mot est écrit avec la jambe, nous le rendrons par :

Ci-Kam	Ci-Cyaka	Espé-ranto	Traduction
𓊪𓂧𓎯𓏭 [64]	sabuka, sambuka	*śbk̞*	traverser la rivière ; passer à l'autre-rive
	Zebuka		boiter ; aller sur un pied ; avoir une bonne démarche
	Soboka		s'alterner, être alterné ; n'être pas en ligne, être en zigzag ; être à distance, sauter
𓈖𓊪𓂧𓃭𓏭 [65]	sabika /zabika /zubika	*śbk̞3*	tremper dans l'eau = bombeka

---

63

śbk̞   𓊪𓂧𓏭   *vortrefflich sein ; glücklich u. ä. (vermischt mit śb3k̞).*   𓊪𓂧𓎯𓏭, ᵃ𓊪𓂧𓏭, ᵐ𓈖𓂧, ᵐ𓊪𓂧𓃭𓏭

[64] ÄHWB., p. 157.
[65] ÄHWB., p. 157.

Mieux	sabika mani /zabika manyi	*šbk̦3- m3ny*	tremper les feuilles dans l'eau
	Sabika (mani)		cueillir les légumes ; feuilles cueillies

Comme on peut le remarquer et le vérifier, le Dictionnaire ÄHWB n'a pas pu lire **Zibikila**. Le mot est cité dans la liste des variantes graphiques de **Shibika / Zibika**. Cela est dû au fait que ce Dictionnaire ÄHWB n'a

ni transcrit ni traduit les signes ⳿/⳿ , ⳿ , ⳿ et ⳿ . Or c'est dans ces signes que résident les variantes, les nuances et les précisions contextuelles, sémantiques et lexicales.

En nous limitant au contexte et au sens de « fermer, étouffer, couvrir, etc. », donc en nous limitant au JIBIKA, le ci-Cyaka construit avec ces signes dits « déterminatifs », les mots comme : *Ci-Shibiki /-Jibiki, Ci-Bwikidilu, Shibikidibwa, N-Shibikidilu /-Jibikidilu, Shibakash /Zibakash, -Shibikika / -Jibikika*, -Zibikila, etc.

La jambe peut nous donner *Shibika(la) /Zibika(la) m-Belo* « fermer la porte » ou *Zebuka* « 1. Marcher sur une jambe et 2. Avoir une belle démarche », voire *Soboka* « s'alterner, être alterné ». Ces possibilités lexicales montrent que ce qui déterminent la lecture et la traduction, c'est le sens.

La conscience de l'existence de plusieurs mots ou noms ayant le même squelette consonantique (exemple : *Sb3, sbk*), nous prévient contre les dangers de l'espéranto inventé par l'Eropa et attire notre attention sur les mots, les sens et les thèmes qui se cachent ou peuvent se cacher derrière un nom à squelette consonantique du genre : *Sbk, Sbik.*

Si au lieu de signes de précision lexico-sémantique précités, on prennait un autre signe, ici le cas d'un crocodile, 𓂻𓃰𓄿 [66], on se trouverait dans un tout autre contexte lexical avec de mots comme *Soboka, Sabuka, Zebuka, Subuka, Shakob* et de *Cibaka.* On peut entrevoir aussi ici l'origine de synonymes comme *Cyawuka, Cyabuka, Dyapuka, Sopoka, Supuka,* voire *Zibuka / Shibuka* et *Zomboka.*

Mais un tel prolongement de l'analyse et de l'interprétation de *Madw-a-Ndela* ou de l'Écriture Sainte relève du registre des études approfondies de l'Égyptologie Africaine et sort du cadre de la mise en évidence de l'existence de ces deux noms et de significations de ces deux

---

[66]

https://de.wikipedia.org/wiki/Sobek_(%C3%A4gyptische_Mythologie) **Sbk** (*Sbik* ou *Sb3k* n'est pas le crocodile, mais une caractéristique, un mouvement du crocodile ; un acte que pose le crocodile. Ainsi *Soboka, Somboka, Zebuka, Sabuka, Sambuka,* etc. est un mouvement, une action typique de crocodile ou de grénouille, voire de canard. Le nom du crocodile est : -**Andu** (ng-, nk-) et –**Ena** (ngw-, mw-) qui donnent *3d, ꞓn* en espéranto. L'espéranto *ḫntj* pourrait provenir aussi bien de *Ng-/K-And(u,o), Nk-Onde* (*ḫnt*) que de *Nkoli, Nkodi.* Un autre synonyme *Ci-Tadi, N-Tadi, N-Tale, CiTandayi* (iguane en ci-Matamba) donne en espéranto, le squelette **Ity**. La forme SBK représente aussi bien *Sobok, Sabuk* que *Sambuka, -Sambuke, Ci-Sambukilu* du verbe *Samba* (> **s3b**). Il faut se rappeler que le crocodile, l'iguane et le pangolin portent tous le nom de –SAMBA, du verbe polysémique : -*Samba.* Mais c'est là un aspect à traiter dans le cadre de noms ayant –*Samba, -Sabu, -Sebu, -Seba* comme radical. L'écriture pharaonique nous permet de faire ressortir ces nuances.

noms KASALU (⌂𓀀 𓎡 𓄿 𓏤) et JIBIKILA (𓈖𓏭𓂝) en Ci-Kam.

L'avantage lorsque la Science devient africaine et pour les Africain(e)s, c'est que l'Hommage interpelle et réjouit aussi les homonymes. En explicitant quelques significations de « Mu-Lumba »[67] Tshi-Sekedi, de Mamu Ka-Salu Jibikila, Mu-Shete, Ng-Indu, Ng-Andu ou de Tshi-Bangu, ce sont des milliers de leurs homonymes qui se sentent concernés. Rares sont des familles Matamba ou Cyaka dans lesquelles on ne rencontre pas les membres appelés :

Sekedi (Ci-/ Ka-/ ...),

Salu / Sala (Ka-/Ci-/Ki-/Mu-/N-/ ...),

Shibikila / Zibikila / Jibikila ou Jibikilayi,

Bangu (Ci-/Ka-/Lu-/Di-/Mu-/N-/...),

...etc.

---

[67] LUMBA est pris ici au sens de „féliciter, honorer, louer, célèbrer ». De là *Mu-Lumba* « Celui qui est félicité, honoré », « Celui à qui on rend hommage ». Que Tshisekedi *Mu-lumba* « félicité ou honoré » soit Tshisekedi wa Mulumba est un heureux hasard.

5. Conclusion

Notre hommage réside dans la mise en évidence de l'existence et de graphies de ces deux noms

KASALU ([hieroglyphs]) JIBIKILA ([hieroglyphs])

et dans leur insertion dans le Dictionnaire ci-Kam et ci-Bantu ou Dictionnaire Ancien Égyptien et ci-Cyaka du Centre C.A. Diop d'Égyptologie de l'INADEP (Institut Africain d'Études Prospectives).

Une telle insertion permet d'éviterniser, aussi bien dans la Science que dans la Mémoire Collective, le nom de l'épouse de TSHISEKEDI WA MULUMBA, cette Grande Figure de l'Histoire Politique Africaine en général et Congolaise en particulier.

Chaque fois qu'on cherchera à découvrir l'antiquité des noms KASALU et JIBIKILA ou qu'on cherchera à découvrir la vitalité et l'actualité de ces mots, de ces noms des

Écritures Sacrées (' [hieroglyphs] ,) de CiKam, à savoir :

[hieroglyphs] et [hieroglyphs] ,

la recherche mettra toujours, en exergue, cette étude.

La vitalité de ces noms, qui nous viennent de BUKAM ou CIKAM ANTIQUE, alias Égypte Pharaonique, nous donne à penser. Elle donnera aussi à penser à la plupart des

Africaines et des Africains, vivant sur le Continent ou dans la Diaspora, sur notre véritable identité, sur notre place à la tête du Devenir des Religions, des Écritures, des Cultures et des Civilisations.

Nous ne voulions pas faire un livre très volumineux. Nous avons omis sciemment beaucoup de points. Ainsi l'être CiKam de CiCyaka (*di-kala ci-kam dya ci-cyaka*) se manifeste déjà non seulement dans les noms de Kasalu Jibikila ici analysés, mais aussi dans le nom du NOM.

Le nom s'appelle en ci-Cyaka : DINA / RINA /LINA, pl. *ma-ina, mena*. L'espéranto de *Rina / Dina /Lina* nous donne : **Rn /Ln**. Le ci-Cyaka étant la forme actuelle de l'Ancien Égyptien (*ci-Kam*), on peut conclure que dans la Littérature Sacrée des Pharaons, **le nom** s'appelle : RINA / DINA / LINA, en espéranto : *RN/LN*.

Où est la preuve ? La preuve est là : « Rina / Dina / Lina »

Nous osons espérer que ces exemples nous contraindront à réfléchir sur **l'impératif divin de promotion des Langues Africaines** en général et de Ci-Cyaka en particulier. Le ci-Cyaka, alias ci-Bantu, véhicule la Mémoire Africaine et le Parler Africain de plus de 10.000 ans.

Nous demandons pardon à Mamu Kasalu Jibikila pour le kidnapping politique de Tshisekedi, son feu époux, et de Tshisekedi, père de famille. Nous avons exercé, pendant presque 40 ans, beaucoup de pression directe et indirecte, sur **Le Sphinx de Limete**, son mari, le condamnant à demeurer au front sur le chemin des souffrances pour l'avènement du **Règne de T̲yama T̲yameyi ne Tya Mat̲aama**[68], en ci-espéranto : Règne de la Maâticratie.

Kasalu Jibikila a partagé avec son mari, les moments très difficiles et les humiliations de toute sorte. Elle a soigné notre Leader National, l'a encouragé et l'a accompagné dans sa lutte jusqu'à son dernier sommeil. C'est notre devoir en tant que scientifique africain, en tant que chercheur congolais, en tant que moraliste-mobilisateur pour et à la Conférence Nationale Souveraine (1990-1991) et en tant que membre du Bureau d'Études de Tshisekedi wa Mulumba, de rendre hommage à son épouse.

Permettez que nous récitions pour Mamu 𓃭𓀀𓏥𓆱𓏤 - 𓅓𓏏𓂝, un extrait de ce Poème publié sur *Facebook* par notre co-combattant Mukanya :

> « De vos terres sont venus de braves pionniers
> Des vos entrailles est né un héros national
>
> Sous la terreur, vous avez sonné la trompette
> Sous la fureur, vous avez levé le peuple
> Sous les griffes de la bête, vous avez résisté
> Sous les affres du Léopard, vous avez motivé vos frères
>
> Leur hésitations n'ont pas freiné votre aura
> Leur désintérêts n'ont pas casé votre élan
> Leur moqueries n'ont pas brisé votre foi
> Les larmes n'ont pas repoussé votre bravoure
>
> Vous avez donné la sève du combat au peuple
> Vous en avez été le fer de lance et le bouclier

---

[68] Le T sous-souligné **T̲** est à lire : **Cy /Ci** ou **Tchi / Tshi**.

Vous en avez porté le gros fardeau
Vous avez libéré des énergies combattantes

Kongo liberté, vous avez été la gâchette
Kongo Patrie, vous avez été la conscience
Kongo nation, vous avez été un exemple
Kongo Avenir, vous êtes un compte important

La victoire du peuple est votre fierté
La conscience de la victoire est votre marque
La protection de la victoire est votre devoir
L'unité de la nation est votre idéal!

....

Par Lomami Eliya »

Modifiant la dernière ligne, nous ajoutons :

« Longue vie à la Confédération Multimillénaire du Kongo-Zaire

Longue vie à toutes les Nations Africaines

Longue Vie à tous les Cyaka /Tchaka et à toute la Diaspora Africaine

Merci à toutes les Combattantes et tous les Combattants sous le Commandement de *Cyama*, alias *Maât* « Vérité-Justice-Solidarité-et-Balance ».

A travers Kasalu Jibikila nous rendons hommage à toutes les femmes combattantes et nous nous inclinons devant toutes les femmes victimes de la dictature et du congocide.

Son Fils, aujourd'hui à la tête du pays, est un des rares Congolais et Congolaises, qui suivent et participent aux discussions sur les recherches égyptologiques africaines et congolaises. Le rêve de tou(te)s les jeunes égyptologues ou « cikama-logues » de Ntakama était d'avoir un Président qui connaît l'importance de l'Égypte et de la Vallée du Nil pour la Renaissance Africaine.

Le fils de Tshisekedi wa Mulumba et de Kasalu Jibikila est, depuis Senghor et Mobutu Sese Seko, le Président attentif au Devenir des Grands-Empires Africains et plus particulièrement au Devenir des Cultures du Bassin du Nil, du Congo-Zaïre et de Zambèze. Il participait jusqu'à des heures très tardives à des discussions sur la Renaissance des Langues, des Cultures et des Sociétés Africaines. Peut-être que demain, Kasalu Jibikila ne sera pas seulement présentée comme Épouse d'un Héros National et Mère du Président de la République, mais aussi Mère d'un Grand-Artisan de l'Intégration Africaine.

Nous nous permettons de clôturer cet hommage par une prière de BuKam / CiKam Antique, alias Egypte Pharaonique.

Étant Prince *CiNema cya BuNeme ne KaNemu* ( ), *CiNema cya Mutombo wa Nkole, Nkole wa Bende, Bende wa Ndela-MuTambe-BuKulu* ( ), Mu-Kaya ( ) *CyOso /K-Oso* ( ),.nous avons pris l'extrait d'un **Hymne de Louange** à *Ndela KaNem(a,u,e)* [69] *-Ka-Numa / Nemeka* ( ) :

---

[69] L'espéranto a cru trouver un nom Non-Cyaka, en l'appellant *Khnum* ou *Chenemu,* *Khenemu,* etc. Voir https://de.wikipedia.org/wiki/Chnum . Mais l'espéranto est superflu.

Hymne à Kanem(e,u):	**DiTumbisha-DiNemeka dya Ndela CiNeme :**
« Modeleur des Modeleurs,	*Mu-Bumbi wa Ba-Bumbi,*
père des pères,	*Tata wa Ba-Tatu*
mère des mères,	*Mawu wa Ba-Mamu*
qui fit les être d'En-Haut	*Wenzela Bintu bya Kuulu*
et créa les êtres d'En-Bas,	*ne ufukila Bintu bya Kwishi*
le bélier sacré qui fit les béliers,	*Ci-mPanga cya Cizila, cya kapanga Bi-Mpanga*
Khnoum qui fit les dieux Khnoums,	*CiNema cyenzele Ba-Ndelu Ba-Nemeka,*
vigoureux de main,	*Wa Cyanza LeBenze / LuBanzi,*
infatigable,	*Kapungidi / Kacyoki*
de sorte qu'il n'est pas de travail qui s'accomplisse sans lui.	*Kakwena mudimu wenzejibwa kayi muwenze to /kayi mu utwe cyanza bwala (...)*

Comme l'illustre le ci-Cyaka : 🔲 , 🔲 , 🔲 peut-être rendu, selon les contextes, par *Kanemu /**Kunema**, Kanuma /**Kunuma**, Cyanuma, CiNem, CiNum, **Kanama**...* (> *Hnmw*) ou dans le sens inverse par : **Nemuka** (> *nmwh*), **Nemeka** (> *nmh*), *Munyungu, Munyengu, Munongo, Munanga(nanga).* Le premier mot autorise aussi la lecture : Nkondo. L'Eropa se ridiculiserait en continuant à négliger idéologiquement le ci-Cyaka. Ce dernier est pharaoniquement plus pur et plus fidèle au ci-Kam Antique que le créole Copte.

On dirait que 🔲 est à lire : *Mbungu, Ci-Bungu, Ci-Bangu, di-Bungu* « cruche, pot, calebasse », du verbe : *-Bunga = -Bumba* « modeler, façonner, pétrir » (bunga dibungu). Il est aussi synonyme de : *Konga /Kunga* « réunir, rassembler » et de *-Panga* « créer, fabriquer, concevoir penser ». À ce vocabulaire appartient aussi *Kondo > Konda* « tortiller, Nyenga) ; Konda-Kaja « pétrir, malaxer, mélanger (la boue)». **Mungu** est une variante de **Mbungu**.

Il a façonné au tour les hommes,

Wa ka bumba Bantu pa lupitu lwa dibumba,

il a engendré les dieux,

Ulelele Ba-Ndelu / Ba-eBandeli,

afin de peupler la terre

Bwa kwashisha BuLoba / Ntanda

et l'orbe du Grand Océan.

Ne Ci-Tangu cya Mayi-a-Mbuu / Ne Ci-Shengu cya Mayi-Ma-alabale.

Il vient à temps pour donner vie

Ulwalwa pa diba bwa ku leta /letela Moyo

à tous ceux qui sont sortis de son tour. » [70]

kudi Ba-Patukile pa Lupitu lwende lwa diBumba"[71]

Twasakidila bwa DiTuBumbila Dyebe, dya Tshisekedi wa Mulumba ne dipasa dyende Kasalu Jibikila.

---

[70] *Hymne à Khnoum* (extrait). Traduction de Serge Sauneron et Jean Yoyotte. Cf. https://fr.wikipedia.org/wiki/Composition_de _l%27être_ dans _l%27Égypte_antique

[71] C'est nous qui traduisons en ci-Cyaka du Nord-Ouest de Matamba.

Auteur :

NDWIDI-MUKULU WA NTAMBA YA BUKAM

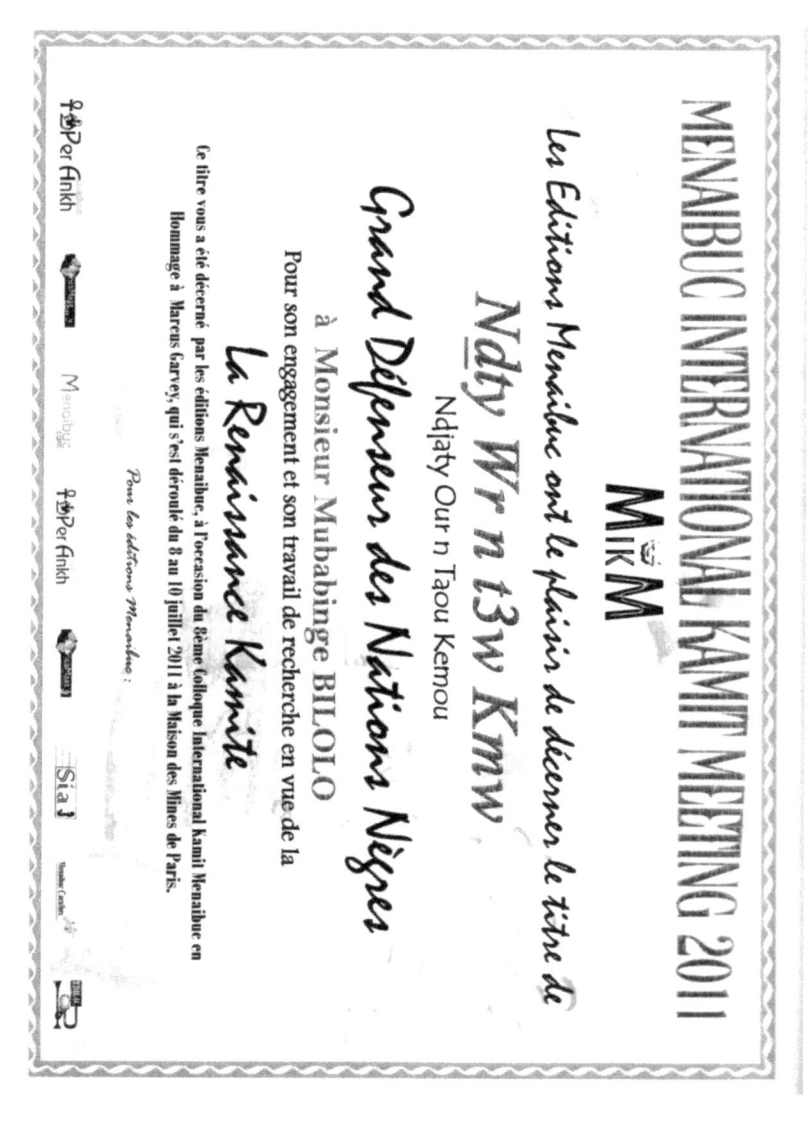

Annexe :
KA-DYOSHA KA MADU-MALONDA
MU CI-CYAKA-MATAMBA

a) *Mukanda wa Dyela nawu Mamu Kasalu Twasakidila*

Tudi twela Mukalenga MuKaji Mamu **Kasalu Jibikila,** "Di-Pasa" dya CiLobo Tshisekedi wa Mulumba, twasakidila bwa ditwa dyende dya CiLobo cyetu nyama ku mikolo mu bidimu bipite pa 40 bya dilwisha cinyangu cipya-cipya, bya dilwisha bukookeshi bwa bapawudi, bwa dipawula ne dibutula ditunga, ne bya dilwisha difwisha ne dinyawula dya Bena-Ntanda ya Congo.

Tshisekedi wa Mulumba mu nkanu-ya-maloko, mu bimwangi, mukangila kwende anyi mu njila ku mutu kwa midita ya Balwidi ne Bakwidi ba Meyi ne Mikandu, mu cikoso, ku mutu kwa N-Songa ya Cyama ne ya Bena-Ntanda, Mamu Kasulu Jibikila uvwa ku luseka lwa Musadidi wa Cyama. Mamu ubadi kabidi panga-apa nkayende ukeba mwa kusungila moyo wa bana babo ne wa CiLobo cyetu.

Tshisekedi wa Mulumba uvwa mumanye mwaba uvwabo bamuladika ne uvwa mumanye se ucivwa ne moyo, kadi Mamu Kasalu uvwa ubula tulu matuku milongo, kayi mumanye mwaba uvwabo bela CiLobo cyetu ne kayi mumanye ne ucivwa ne moyo ne ukavwa mushipa.

Ke bwalu kayi, bu mwambile baKulu se: *Wasenga Kanku, wasenga Tshibwabwa,* tudi tulunguluja twasakidila mwela *Mudyanjile wetu* Tshisekedi wa Mulumba ne twasakidila ewu mwela di-pasa dyende Mamu Kasalu Jibikila.

Dikokola ne dyela twasakidila edi bidi mu disangika dya mena ende KASALU ne JIBIKILA ne mudilesha dikala dya mena aa mu Ci-Kam, mu Mwakulu wa Bena-Bukam anyi Bena-E-GiPite wa Kale ne mu zanjika songelu anyi mfundilu wa mena aa *mu* 𓏲𓈖𓏥 *Madw-a-Ndela ne a-Ndelu, Madw-a-Mfidi Mukulu*, mafunda kukadi bidimu bipite pa binunu 7000 anyi 10.000.

Mu mine Malu-a-Ndela awo, mbafunde mena abidi aa nenku :

(KASALU) (JIBIKILA)

Vulukayi se :

mi-Fundu ya mu :	mi-Bange kukadi bidimu bitwe ku:
ci-LeBombo (=EcyoPya)	44.000
ci-Ishango (=EcyoPya)	20.000
ci-Nyombo /-Nyemb(w)e	15.000, nanga-nanga 10.000
ci-Kam	**10.000, nanga-nanga 7.000**
ci-Keleke	2.900
ci-Isalel	2.800, nanga nanga 2.600
ci-Loma /-Latinu	2.500, nanga nanga 2.300
cyena-Yesu	1.900, nanga nanga 1700
ci-Angele	1.200, nanga nanga 1.000
ci-Fwalanse	900, nanga nanga 800
ci-Pulutukeshi /-Eshipania /-Cipanishi	700

Cyata eci cidi cilesha ditatakana didi mu dilekelela *Dina-DiKulu, Dina-mu-CiKam,* , , bwa kwitaba **Mena- ne Madu-a-CiLubi, -a-MiRopa, a-**

Dikupula-Nzilayetu-ne-BuKulubwetu.   Ben-
Afudika/-Afidika-ne-Afuluka   balame   bimpe   Mena-
MaKulu ne –a-Kûlu, balekela dilonda mena a mafya, a-
disalu ne a-disalula mapampamika, matentakasha kudi
byipayi, bipanta bidi biteta kukupula, kwona anyi kwonona
nZila, ciShima, diKama ne diKala dya Bena-Bu-Kama.
Kwela misesu kabudimbu mmwanda mwimpe, kadi
kulama, kusamba ne kukenkesha Nzila wa DiKala ne
Didivwila dyetu nkupita bwimpe.

Bu mudi mukanda ewu wela Mena a Mamu Kasalu
Jibikila mu *Nkongamadu wa CiKam ne CiCyaka,* mubikila
kabidi se: *Nkonga-Myanda ya Cyena-EGiPite wa Kale ne
Cyena Ntu,* biikala babala mena aa ne biikale bamufuluka
panu apa.

b) *Kasalu   Jibikila   N-TCHAKA   wa   mu MATAMBA, mu Di-Konga dya Kongo-Zaire*

EXTRAIT DE LA HAUTE-ETHIOPIA

Le premier Fleuve au nord de Matamba est le Congo/Zaire. La frontière sud-ouest est la rivière Kwango. La frontière sud touche le Fleuve Kunene. Les sources du Fleuve Zambesi/Zembele sont à l'intérieur de Matamba.

Copyright: Dr.M. Bilolo, INADEP

Kadi CiSamba cya Ba-Tchaka / -Cyaka. Cidibo babikila kabidi se Ba-Cipya / Ba-Cyopi / Ba-ECipia, mu esperanto E-Thyopi, cidi penyi? Tangilayi Cifwatulu eci bwa kumanya CiTupa cya Bulaba cya Ba-Cyaka. Mwine mu citupa eci, tudi balesha Moyo wa E-Cyopi, mubikila se : **Matamba**.

Bana betu ba kasambwishabo mbuwa wa ECipya / E-Cyopi ku bidimu nkama 15 to ne 18, bavwa ba CYAKA / TCHAKA, basambuke bu Ba-Cyaka, balwila ku Buyanga bwa Kongo-Nzadi (Congo-Zaire) bumbukila kwinshi kwa Biafra too ne kwinshi kwa Muzombo wa Kalunga, ku Mbuw-a-E-Dipya / E-Thyopi too ne ku Maziba-a-Nzadi (lelu Tanganyika ne ba Luta – Mvuta Nzike (*Lut-a-Nzika* ? comme *Nganda-Nzika* ?>).

https://www.flickr.com/photos/internetarchivebookimages/14781202114/in/photostream
Nom Cyaka / Tchaka en bleu et Océan Éthiopien en noir sont insérés par nous.

Mwakulu ewu Ci-CaAka udi Mwakulu wa CiZila wa "Afrocentricité Internationale", wa Ba-Indu / Ba-Indo basanga. Byata bidi kuulu ebi bidi bilesha ditangalaka dya ci-Cyaka mu bule ne bucyama. Mena aa : Benin/Biafra, Gabon, Makoko-Anziko, Loango, Angola, Bengwela, Cimbeba, Kasanga-Kasanji, Matamba, Ndongo ou Dyapa dya Matamba, Mozambike, Mwan-Mutapa, Mwena-Mwezi anyi Mayi-Mayi, Zanguebar … adi milongo imwe ne mena bu Angeletele, Mfwalanse, Itali, Turki, Brezil, Chili, Peru, Parakwayi, Mexique, Canada, Louisiana, Inde, Chine, Arabi, a.n.

Katwena mwa kwitaba bwa kukupulabo mena aa to. Patudi twamba se :

- Mamu Kasalu Jibikila udi CYAKA, byata bya mu bidimu nkama 16 too ne 17, bidi bilesha kwabo ne Citupa cya Buloba bwabo bwa ECyopi anyi ECypya.
- Mwena-Ntanda Tshisekedi udi CYAKA, byata bya mu bidimu nkama 16 too ne 18, bidi bilesha kwabo ne Citupa cya Buloba bwabo bwa E-Cyopi/-Cypya.
- Mwata Yamvu udi CYAKA, byata bya mu bidimu nkama 16 too ne 18, bidi bilesha kwabo ne Citupa cya Buloba bwabo bwa E-Cyopi/-Cypya.
- Mwakulu wa Ba-Indo basanga "The Sacred Language of International Afrocentricity", nci-CYAKA, byata bya mu bidimu nkama 16 too ne 18, bidi bilesha Citupa cya E-Cyopi/-Cypya, cyasa kudi Ba-Cyaka /-Chaka /-Tchaka.

Pamvwa ku Kinshasa mu ngondo wa 9, cidimu 2019, bavvwa bangebesha se : "Ozali Muluba ? (= Udi Muluba?)". Meme se : "Pa Byata (cartes) bilelela bya mu bidimu nkama 15 too ne 18, ntu CYAKA, Mwena-ECyopi /ECypia, Ditunga dya Matamba. Ndi CYAKA bu Bena-Bangwela, Bena-Loango, bu ba Mwena-Mwezi anyi Mayi-Mayi, bu Bena Kasanga-Kasanji, bu Bena-Musambike, a.n. Ndi Cyaka bu nwenu bonso bashadile mu Ecyopi ne basambukile Mbuwa".

Twafumi ku dileja se: Cyaka kena amu dina dya Bena-Matamba to. Mmwenenu ewu udi ufila ku dilongolola Cyata cya Matamba:

CONGO-ZAIRE
LE COEUR DE L'ETHIOPIA = DES TCHAKA

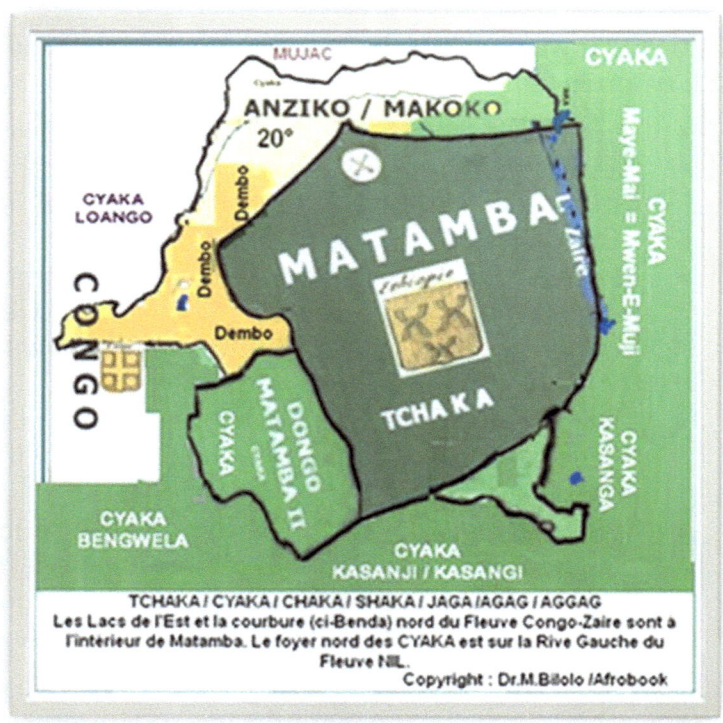

Mukalu wa Matamba-Munene udi mutumba ne Ndongo, udi ulonda musulu wa Kwango. Mwine mukalu ewu ke udi mulwe mukalu wa Congo ne Angola de creation coloniale. Kadi muntu kayi mutwa mesu pa musulu wa Congo-Zaire, udi uteka musonga wa Matamba pa Ikela anyi pa Boende, panga apa pa Lisala anyi Bumba. Majiba onso adi enza pa byata bya kale "DiShiba dinene dya Nsadi / Zaire", DiZiba Di-Tangabala, alias Tanganyika.

Matamba, Mbanza a Cilelelu wa Mamu Kasalu Jibikila, ndina dya ditunga dya mulongo umwe ne cikondo cimwe ne Brezil, Chili, Peru anyi Mexike, katwena mwa kulekela dina dya citupa cya buloba eci nansha. Mbimpe kw-alulukila ku mena aa Matamba, Makoko, Monomotapa, Mwena-Mweshi, A-Kalunga, ... bwalu adi makama anyi bishima bya bobumwe bwetu ne buneme anyi bushitu bwetu pa buloba.

Cyata cya Buloba ku ba bidimu 1762

-Tupa :	I	II
Ci-Tupa :	**Amerik-a-Ntakama** /Amerika Indo-Eropa /Amerika Afro-BiRopa	**Ecyopia / Ethiopie** / Ecyopi-a-Ntakama
Ma-Tunga 1762 :	**Bresil** /Brezil, Chile/Shili, Peru, Paraguay, ...	Biafra /Benin, Makoko, Congo-Zaire (CaCongo , Angola /Loanda), **Matamba-Zaire**, Zanguebar Mwena-Mweshi, Bengwela, Mosambik Monomotapa

Mena 2019 :	bu mu 1762	Ma-shintulula[72] ma-pita pa 99%

Tudi bafundulule ne badyundishe Mena a matunga-manene pa "mappe-monde" ewu wa 1962.

I. Amerik-a-Ntakama //Amerika Indo-Eropa

II. Ecyopi-a-Ntakama

---

[72] Mena mashale ka-ena a Matunga anyi Bitupa bya Matunga bya ku ba 1762. Bwa Amerilk-a-Ntakama ne bwa Eropa, mena mmashale alesha Matunga a ku 1700.

Byata bibidi ebi mbi dyundishe bifwatulu bya bitupa bya Amerik-a-NtaKama ne bya Ecyopi-a-NtaKama pa Cyata cya Buloba-Busanga ("Mappe-Monde") :

https://www.geographicus.com/P/AntiqueMap/MappeMonde-janvier-1762

Tu "cartes géographiques coloniales et post-coloniales", twa ku nkama 19-20 ya bidimu, ntwa kosha. Katwena mwa kutungunuka ne dilongesha bana mena adi pa Byata bya Bapasudi ba Afuluka to. Badi baswa kukupula nzila[73]/nshila yetu ne civulukilu cyetu. Citudi, mena etu ne malu etu, mmyanda mibange kukadi bidimu bipite pa 10.000 (= bipite pa binunu 10) kumpala kwa diledibwa dyetu, katwena mwa kubangila pa bidimu 150 kumpala kwa dilebwa dyetu to. Katwena mwa kwela Kasala bu tutu babanga dikalaku kunyima kwa tusoko-soko twa milopa to.

c) *Mfundilu wa Kasalu Jibikila ne myaku mikwabo mu Ci-Kam*

Kadi mwanda wa citudi, udi mu mukanda mwenzela CiLobo Tshisekedi wa Mulumba. Mu mukanda ewu, tudi tu-zangika mena aa :

Dina /Rina :		
Bala :	KASALU	JIBIKILA

Dina dya Kasalu Jibikila ndi funda kudi *"Madu-a-Mfidi Mukulu"*, kudi *"Madw-a-Ndela"*, kukadi bidimu bipite pa binunu 7 (= bipita pa 7000). Dina edi ndifunda kumpala kwa bukwa mifundu ya ci-eropa ne ya "bibele".

Tudi baye dishiya dya mena abidi masangika aa ne balesha dikala Ci-Cyaka anyi Cyena-Ntu dya myaku mikwabo ya **ci-Kam** bu:

---

[73] Tudi tufunda *n-Zila / n-Shila / n-Shira* bwalu « **Ji** » kena mu mfundulwilu wa Ci-Kam to.

Ci-Kam	Ci-Cyaka Matamba / BuKama	
	Ci-Fwishi /Ci-Fwidi ; Di-Fwisha > Tu-Fwishi	
	Ci-mFundu, Bu-Cyafu	
	Byona, iBwone /Boona, du verbe -**Ona**	
	Bin, ʙѡѡɴ, **Bwon**	
	Binda /Bindu, m-Vindu	
	Ci-Pupa, Ci-Pupo, Bi-Fufu ; A-Puupa	
	Ci-Peepa (cya ndanda)	
	Ci-Peepa (cya) Mvunda	
	Ci-Pupo ci-Vunduka	
	Ci-Pepo cya Mvunde	
	Ci-Mpumpu cya Ci-Pepa	
	Ci-Fundu cya Ci-Pupo	
	Ka-Shindi / Ka-Nshindi (> Ka-Shidi) / Ka-Zadi	*śth*
	KaTense	*(ḥts)*
	Ci-Dwa ; Ci-Palu cya CiDwa	*T-Dw3*
	Ci-Dwaya ; Bula bwa Cidwaya	
	> Bula bwa Ci-Dwa (cya Tshisekedi)	*Pr T-Dw3*

	KaLunga / Galunga	*Grḥ*
	KaKulu	
	Ntokwelu < -Tokola / -Tonkola	
	Kudika-Kulu ; Mu-Nda-a-Nkulu ; Mu-Tand-a-Kalunga ; Mu-Tand-a-Kakulu	
>	Ka-Tonkola ; KuTongola ; ku-Kongola ; ku-Kungula; Ka-Takula // -Pungulu, -Pungila	...
	Mu-Fwe ; Ma-Tu ; M-Fwe ; Mu-Fwa[74]	*mtw*
	Toto / Totu (mu-/mi-), Tanda, Tondo, tandela	*dwa*
	diba/djuba	*sb3*
	Fwi-Fwi, Mwa-Nkole, Mu-Midima	*mwt*
	Ci-Kam ; Di-Tunga-di-Kam ; Di-Tunga dyi Chim(e,a) ; Di-Nowa-dya-BuKam	
	Ci-Chim(e) /Ti-Shim ; Ci-Fwim / Ci-Cim ; Di-Fwime	
	Ci-Shime /Di-Chime ; Ci-Zima /-Jima /-Kima /-Cima ; Ci-Fwim(e,a)	
	Di-/Ci-Kama. Pl. Ma-Kama	
	// Kamoni / Kamunyi ; Kama-nseba ; Kama-londo	

---

[74] Fuluka : *1. Tula = Fula = Cula* ; *2.* *= ma-Tuwa = ma-Fuwa = ma-Cuwa // -Fya = -Fua = -Tua = -Ta = -Fa = - Cua = -Tchua* .

⟨hieroglyphs⟩	**Cyama / <u>T</u>yama / Tchama / Caama**	
⟨hieroglyphs⟩	Cyama / <u>T</u>yama (⟨glyph⟩)-Malelela (⟨glyph⟩)	
⟨hieroglyphs⟩	Cya-Meyi (⟨glyph⟩)-malela (⟨glyph⟩) ne Mi-Kandu (⟨glyph⟩)-milelela (⟨glyph⟩)	
⟨hieroglyphs⟩	CyaMalelela	
⟨hieroglyphs⟩	Cyama / <u>T</u>yama ; Caama	
⟨glyph⟩ bu „di-lala"	Ma-Lelela / Di-Lelela / Ci-Lelela ; Ma-Lulame	
⟨glyph⟩ bu „di-Sala"	Ma-Sala ; Ma-Tala ; Jalà-jalà ; >Ma-Salame ; Ma-Jalame ; Ma-Shalame > -Shalamu /-Jalamu	
⟨glyph⟩	Bu-Zama = Bu-Tsama =Tendee	
Vuluka:	Shalam /Jalam = Tentame ; Ololoke. Salam(a,e) = Cyalalame	
⟨hieroglyphs⟩ , ⟨hieroglyphs⟩ , ⟨hieroglyphs⟩	*- Kanemu /***Kunema***,* *Kanuma /***Kunuma***,* *Cyanuma, CiNem, CiNum,* ***Kanama ;*** ***- Nemuka*** *(> nmw<u>h</u>),* ***Nemeka*** *(> nm<u>h</u>);* *- Mananga-nanga ;* *Munyungu, Munyengu,* *Munongo*	*<u>H</u>nmw.*

𓀀𓂧𓅿	*Patu / Mpatu // Bata*	
	Nkaya ; um-Wa >(𓊝)	
𓊪𓂧𓅆𓏛	*Sheta / Shita*	
𓈖𓊪𓅆	*Shetisha*	
𓋀𓏤𓅆	*Imana, Amun, Kamwenibwa, Kamanibwa*	
𓏤𓏤𓏤𓏤	*Madw-a-Ndela*	
𓅆𓈖𓏏	*Nkole Cya-Malenge-La /* *Nkole Citala Mulongol /* *Nkole Cya Mulangala /* *Nkole Mwela-Ngala /* *Nkolo Ngalamulume CiTala*	
𓃀𓏏𓏤	*iBanga ; ci-Banga*	
𓋃	*Mu-Banga, ci-Banga, m-Banga*	
𓊪𓏏𓏤	Sekedi, Sekeri, Sekela > Ci-Sekedi	
𓊪𓏤𓀠	Seka (> Sekela, Sekelela) ; Sanka	
𓅆	*ṃααγ, Mau, Mawu, Mamu, Mwa*	
𓅆	=Bemba[75] , Baba > Ci-Baba	

Vuluka dina dikwabo : Ci-Minyi, pamwe ne dikumbu edi : « Ciminyi mukwa Mulumba / Muyumba ».

Espéranto: **Nrt**	> Ndedi ; Mu-Ndedi ; Inandi ; Ci-Ninandi >Ma-Ndela ; Maw-a-Ndel
	Mwadi ; Ci-Mawu / Ti-Mamu ;
	Ci-Maye ; Ti-Mamu ; Mutu
	Tyame / Caame ; Mwata
	Mwadi, Mamu-Mwadi(e) ; Mu-Ledi ; Ci-Mame
	Mwadi ; Mwad(u)
	Ka-Pya / Ka-Hya ; Ka-Pya ka-Pepa
	Patu / Mpatu // Bata
	Nkaya ; um-Wa >( )
	Sheta / Shita
	Shetisha
	Imana, Amun, Kamwenibwa, Kamanibwa
	Madw-a-Ndela
	Nkole Cya-Malenge-La / Nkole Citala Mulongol / Nkole Cya Mulangala / Nkole Mwela-Ngala / Nkolo Ngalamulume CiTala

[hiéroglyphes]	*iBanga ; ci-Banga*	
[hiéroglyphe]	*Mu-Banga, ci-Banga, m-Banga*	
[hiéroglyphes]	Sekedi, Sekeri, Sekela > Ci-Sekedi	
[hiéroglyphes]	Seka (> Sekela, Sekelela) ; Sanka	

Mu citupa cya Nsha-Mwanda, cya Cyena-Madw-a-mukanda ewu, tudi mwa kwambulula myaku eyi:

ci-Cyaka-Matamba	ci-Kam /-Shima
Pasa (di-), Pesu (ci-), Panza ne myaku milungakash : Di-Paswisha ; Di-Pashisha ; Di-Pasuka , Di-Pasula	[hiéroglyphes]
Sekedi /Sekeri (Ci-) < -Sekela	*sjkr* [hiéroglyphes]
Cyama / Cya-Meyi / Cya-Ma-Lelela / Cyamei-Malelela	[hiéroglyphes]
Cyoso / Cyonso TyoSo / CyoSo / KyoSo ; CiSa, Kasa, CyaSa ; CiSwa	[hiéroglyphes]
Sala /SaRa / Salo	[hiéroglyphes]
TyoSo / CyoSo / KyoSo ; CiSa, Kasa, CyaSa ; CiSwa	[hiéroglyphes]
Ci-Salu /Zando	[hiéroglyphes]
Dala wa tapa-bisalu	[hiéroglyphes]
Ndela = Mfwele = Mfidi < Ba-Ndela, Be-Ndela, E-BaNdeli	[hiéroglyphe]

Ndel-a-Ndelu / Mfidi a eBandeli / Ndel a BaNdelu / Ndela Bandedi	
Mwadu / Mwalu	[76]
Madw-a-Ndela / Madw-a-Mfidi Mukulu / Malw-a-eFile	
Ndondo a Ndela ; Ndondo a Ndelu ; Ndondo a Mfidi	
ciba, cibi, cibe (ϭⲃⲉ)	
Bafunde : Cibi ci-Shiba	
Ci-Shibika / Ci-Zibika / Ci-Jibika	
Bafunde : Cibi ci-Shibika /-Zibika	
Ci-Shibika / Ci-Zibika / Ci-Jibika	
Ci-Belu ci-Zibika ; ṯi-Belu ṯi-Shibika ; Zibika ci-Belu	
-Shibikidi. Bafunde : Ci-Shibikidi cya m-Belu	
Cibi ci-Shiba cya pa mBelu /pa Bula[77]; Cibi cya ku mBelu ci-Shiba	

---

[76] Bu mudi « Mwadu » mufunda ne « mwinshi / mw-iShi » 𓂏, mwenze bu « ka-Londo »udi mwa kubadibwa anyi kubikidibwa kabidi bu : Ndondo, MaLonda /MaDonda pamwe ne MwAnda. « Mwalu » udi wenza « Bwalu ne Malu ».

[77] Bula, m-Belo, ci-Palu, ku-mpelu (𓂝).

Subuka / *Zubuka* > *Subukila*	
Ci-SaLo / Ci-Salu / Ci-SaLa	
KaSalu	
Zibikila / Shibikila / Jibikila	
Jibikidila / Cibwikidila / Shibikidila	

Myaku ya ci-Cyaka itudi baleshe mfundilu wayi mu ci-Kam idi mingi. Tudi baleje mfundilu wa ka bukulu wa mianda minene ya bungi. Tudi benza byata bivule bidi bibadibwa mu ci-Cyaka, kabiyi bikeba kupicila ku ci-Eropa to. Mubadi udi muswe, udi mwa kujikija *Nkongamyaku ya ci-Kam – ci-Cyaka* mitela mu mukanda ewu.

d) DiSambila dya Bakulu ba mu E-Bandeli

Tudi bakoma mukanda ewu ne **DiSambila dya Bakulu ba mu E-Bandeli,** dya kwela nadio Mubumbi, **Ci-Mpanga Cya Kapanga** wa Mamu Kasalu Jibikila ne Taw Tshisekedi wa Mulumba twasakidila.

d.1) Ci-Mpanga cya KunemekeLa, CiMun Kanuma Kunema ne Kanemu

Kumpala kwa dipita ku dyandamuna dya disambila edi, tusulakasha ko kakese *Dina/Rina dya Cinema-Kanema-Kanemu wa Kunemeka,* dipindulula mu esperanto se : *Hnmw.* Bwa Mukanda wabo wa Madw-a-Ndela mu Afudika-Afuluka, balongeshi aba Molefi Asante ne Mama

Mazama ba ku Philadelphie (Amerika wa Sukumu / wa Nzika) bavwa baswe mbatumine mifundu pa Dina edi :

⟨hieroglyphs⟩ . Meme kubenga bwalu civwa muswe kutungunuka ne ditangalasha dya espera-ciropa to.

Kadi, bumudi ci-Cyaka cituleja, mena ⟨hieroglyphs⟩ , ⟨hieroglyphs⟩ ,

⟨hieroglyphs⟩ , adi abadibwa bilondeshele cyena bwalu bu :

CiMun	= Nyam-a-nzubu
Cimuna	= Kokesha, Shinda
Cimuna	= Cibula
Kamun(i,a)	
Kumuna	
CiNem, CiNum	N-Kumu
CiNeme	Cinemu
Cyanuma	Nzaba, CiZabazaba
CyaNuma	CiSaba-Saba, CiSaba // CiKumu-Kumu, N-Kumu
Cyanuma	**Kanama // Kalama**
Kanama	// Kalama
Kanemu	= Kanuma
KaNemu	// DiNemeka
KaNuma	KuNyuma
Kunema	// Kulema
KuNemekibwa	
Kunuma	**// KuLuma = KuBaka;**
KuNuma	**Ne-LuKum > Nkumu**
KuNuma	**Tuta n-Kuba /diKubaKuba**
NciMun	= CiLobo
NemekeLa	> Hnm-Rᶜ
Nkwama	=twala bimuma

Pa kubala tuya batangile ku dya bakashi :

Meneka	Munyengu,
Mananga	Munyungu,

Mfumu	**Nemeka** (> nm<u>h</u>)
Munanga(nanga)	Nemesh
Mungu	**Nemuka** (> nmw<u>h</u>)
Munongo	Nkum

Katupu « N-Kondo » (= xi-mpanga, mu-koko) moyi to. Ditwa mesu pa mutu wa cimuna (nyama), didi dipatula mena aa :

Bila	Kondo	Nami	Pongo
Dombe	Kuba	Ndolo	Pumbo
Kambedi	Kumba	Ngomba(o)	Pumbwe
Kambu	Kumbu	Ngombe	Sadi
Kembu(o)	Lume	Ondu(o)	Samba
Koko	Meme	Panga	Taba
Kombu(o)	Mene	Pembe	Tumba

Dimanya myaku eyi, ndimanya myanda ne tunungu tonso tudibo basulakashe ne bela mu makumbu a Ci-(m)Panga N-Sha-Kapanga mu mi-songa ya Madw-a-Ndela.

LuKebu ludi lwamba se **Cineme Cinuma-Cinemeka,** ndina dimwe ditu mu dikumbu edi : Mwana KONDO YA MUNGU.

Cintu eci , cidi : DU / DO > NdoNdo, NdoNdu, Mwond(o), Kondo(ke) = BO /BU > ci-Mbu(o), mw-Obu(o) = Ina > Ci-Na, Cy-iNa, Dy-iNa. Mena aa adi apatula mbadilu eyi : KOMBO, KUMBU, KONDO, NKONDU, NGOMBA, KEMBO, CIMBU, FULA, CYONDO, a.n.

Esperanto mmubweshakasha Mufundu udi ubadibwa kabidi bu : *Mbungu, Ci-Bungu, Ci-Bangu, di-Bungu.*

Mu dina (= di-kumbu, n-kombo) edi mudi mwaku wa pa mwanda : -*Bunga* = -*Bumba* (>bunga dibungu) = -*Panga*.

Mu cikoso : **Bunga /Mbungu** udi ne bulanda ne : *1° **Munga /Mungu** ; 2° Konga /Kunga ; 3° -Panga, 4° Kondo > Konda, Konda-Kaja ne 5 **Bumba**.*

MaKumbu onso a Mfidi-Mukulu adi mu ci-Cyaka pamwe ne bintu anyi mifundu idi isangika Mena ende :

Ndela (⟨glyph⟩) *Ka-Kaya* (⟨glyph⟩) = *Ka-Tamba* (⟨glyph⟩)

= *Ka-Pita* (⟨glyph⟩) *CyOso /K-Oso* (⟨glyph⟩).

Ndela Ka-Kaya mbwena kwamba se : ⟨glyph⟩ = *Mfidi Mu-Tambe BaKulu, Mu-Tambe Bukola ne Bunene.*

Mutubumbi, Ci-Mpanga Mutuledi, udi Ndela /Mfidi MuKaya BuKulu anyi Ndela /Mfidi MuTambe BuKulu.

Dina disambila ditushila kudi **Bena-Kanemu Ba-Nemeki ba Mungu**[78], mu bidimu binunu kumpala kwa mifundu ya Bibel, ya Koran anyi kumpala kwa mifundu yonso ya ci-Eropa ndyodi edi. Twetu kebadi bandamuna mu ci-Cyaka cya *Matamb-a-Njika-Mbongo* anyi *a ku Nzika-Mubwelu /-Mbweshi,* mubikila kabidi se *Matamba wa ku Manda-Sukumu* (« Nord-Ouest de Matamba»).

---

[78] *Hymne à Khnoum* (extrait). Traduction française de Serge Sauneron et Jean Yoyotte. Cf.
https://fr.wikipedia.org/wiki/Composition_ de_l%27être_dans _l%27Égypte_antique

d.2) *DiTumbisha-DiNemeka dya CiNeme* :

Mu-Bumbi wa Ba-Bumbi,

Tatu wa Ba-Tatu

Mawu wa Ba-Mamu

Wenzela Bintu bya Kuulu

ne ufukila Bintu bya Kwishi

Ci-mPanga cya Cizila, cya kapanga Bi-Mpanga

CiNema cyenzele Ba-Ndelu Ba-Nemeka,

Wa Cyanza LeBenze / LuBanzi,

Kapungidi / Kacyoki

Kakwena mudimu wenzejibwa kayi muwenze to /kayi mu
utwe cyanza bwala (...)

Wa ka bumba Bantu pa lupitu lwa dibumba,

Ulelele Ba-Ndelu / Ba-eBandeli,

Bwa kwashisha BuLoba / Ntanda

Ne Ci-Tangu cya Mayi-a-Mbuu

/ Ne Ci-Shengu cya Mayi-Ma-alabale.

Ulwalwa pa diba bwa ku leta /letela Moyo

kudi Ba-Patukile pa Lupitu lwende lwa diBumba".

Twasakidila bwa DiTuBumbila Dyebe,

dya TSHISEKEDI (   ) wa Mulumba

ne dipasa dyende

KASALU JIBIKILA (   ).

⚲⚲⚲[79]

Kudi
Shushukulu Mubabinge Bilolo wa Kaluka
Mulombodi wa DiTamba dya ku Eropa[80] *dya*
CiKebelu cya Afuluka-Afudika cya Malu-a-CiLwalwa
Ndwidi-MuKulu wa Ntamba ya BuKama[81]

Bibliographie

ANSELIN, A.,   *L'oreille et la cuisse. Essais sur l'invention de l'écriture hiéroglyphique égyptienne*, Tynaba, Paris, 1999.

ANSELIN, A.,   *La cruche et le tilapia – une lecture africaine de l'Égypte nagadéenne*, Tyanaba/Unirag, 1996.

ANSELIN, A.,   *Samba*, Unirag, 1992.

BILOLO, M. & KABONGO, K. E. ,   *Conception Bantu de l'Autorité. Suivie de Baluba : Bumfumu ne Bulongolodi*, Publications Universitiares Africaines, Munich-Kinshasa, 1994, 320 p.

---

[79] ANGA = MOYO. Ne-Anga > NENGA (dinanuka ne Moyo ; Ne-Mwoyo) ; NANGA (=Swa), CYANGA (di-Sankila Moyo) ; SANGALA, SANGA-SANGA (di-SANKA ; bukole bwa moyo).

[80] DiTamba dya kwa Babende / DiTamba dya Dishiya dya Mbuu. Mudimu wa Dikeba kutandula ne ku kokesha Madu-a-Ci-Vwavwa bwa Afrika udi wenzekibwa ne udi ne cya bwa kwenzekibwa myaba yonso, matunga onso.

[81] « *MuLwidi /Ndwidi-MuKulu wa Ntamba ya BaKama / BuKama* », mu mfwalanse : « Grand Défenseur des Nations Nègres ». Tangila cindidimbi cya DiKumbu edi ku mutu kwa Kadiosha eku.

BILOLO, M.,   *MAAT comme Source de la Loi Fondamentale des Peuples Noirs*, in : http://www.peuplesawa.com /fr/bnlogik.php? bnid=583&bnk=17&bnrub=1

BILOLO, M.,   *Percées de l'Éthique Écologique en Égypte du –IIIe millénaire* (INADEP-APA. I, 9), Munich-Kinshasa, 2007.

BILOLO, M.,   *Fondements Thébains de la Philosophie de Plotin l'Égyptien* (INADEP-APA. I, 8), Munich-Kinshasa, 2007.

BILOLO, M.,   *Meta-Ontologie Égyptienne du -IIIe millénaire.* **Madw-a-Meta-Untu : Tum-Nunu** ou **Sha-Ntu** (INADEP-APA. I, 10), Munich-Kinshasa, 2008.

BILOLO, M.,   *Vers Un Dictionnaire Cikam-Copte-Luba: Bantuïté du vocabulaire égyptien-copte dans les essais de Homburger et d'Obenga* (AAT & INADEP., Sect. I, vol. 13), Kinshasa-München-Paris, 2011

BILOLO, M.,   *Di-Shikula dia ciLuba mu ciKam. Cileshelu: "Kapia"»*, *in* MUTOMBO-MWANA (éd.), *Tuya tooo twimana... Nkongamifundu mulubwila P. Ngandu Nkashama wa Kalonji, ngooyamwakulu*, Louvain-La-Neuve, 2007, p. 25-48.

BILOLO, M.,   *Tuleshi Kapya ne Dyanga mu CiKam. Mishi ya CiKam mu Cyena Ntu* (AAT & Diop CES-INADEP, Sect. I, vol. 11). Kinshasa – München- Paris, 2008.

BILOLO, M.,   «*Wͨ-jr-sw* »-Semantik in dem Satz: *Wͨ-jr-sw-m-hh(w).* Die Hypothese eines exozentrischen Kompositums und einer festen Permansivverbindung», in Discussions in Egyptology, Oxford, 35 (1996), p. 5-17

BILOLO, M.,   *«Zur sw-Semantik in dem Satz: Wͨ jr(jw) sw m hh(w)»*, *in* DUQUESNE, T. (éd.), *Hermes Aegyptiacus, Egyptological studies for BH Stricker*, Oxford, 1995, p. 27-42.

BILOLO, M.,   *Signification du Nom de Ngindu en CiKam,* in : MALABA MPOYI, R. et KALAMBA NSAPO (Éds.), *Unité et pluralité de la vérité. Mélanges en l'honneur du Prof. Ngindu Mushete,* vol I, Paris, Imhotep, 2014, p. 61-123.

BILOLO, M.,   *Du nom* **Imn** *à Bi-Mweni. Exemple de la vitalité de ciKam et de 'Saintes doctrines philosophiques' pharaoniques dans le Cyena-Ntu.* In : KALAMBA NSAPO & BILOLO MUBABINGE (éds.), *Renaissance of the Negro-African Theology. Essays in Honor of Prof. Bimwenyi-Kweshi – Renaissance de la Théologie Négro-Africaine. Essais en l'honneur du Prof. Bimwenyi-Kweshi* (AAT-APA., Sect. XII, 1). München- Freising- Kinshasa, 2009, S. 109–161.

BILOLO, M.,   *Invisibilité et Immanence du Créateur* **Imn (Amon-Amun-Amen-Iman-Zimin).** *Exemple de la Vitalité de l'Ancien Égyptien ou CiKam dans le Cyena Ntu* (AAT & INADEP., Sect. I, vol. 12). Kinshasa- München- Paris, 2010.

DIOP, C.M.,   *ANKH. Revue d'Égyptologie et des Civilisations*
OBENGA, T.,   *Africaines – Journal of Egyptology and African Civilizations,* Paris, 1-12 (1992-2006).

ERMAN, E. &   *Wörterbuch der ägyptischen Sprache,* Bände I-V,
GRAPOW, H.,   Leipzig, 1926-1931; 1934-53.

ERMAN, E. &   *Ägyptisches Handwörterbuch*, Berlin, 7ème éd.,
GRAPOW, H.,   1921.

FAULKNER,   *A Concise Dictionary of Middle Egyptian,* Oxford,
R.O.,   1962.

GARDINER, A.,   *Egyptian Grammar. Being an Introduction to the Study of Hieroglyphs*, 3ème version, 12ème éd., Oxford, 1988.

HANNIG, R.,   *Großes Handwörterbuch Ägyptisch-Deutsch* (2800-950 v. Chr.), Mainz, 1995.

JOHNSTON, H.H. Sir,
A Comparative Study of the Bantu and Semi-Bantu Languages, Oxford, 1919.

KABASELE-LUMBALA,
Ndi Muluba, Louvain-la-Neuve, Panubula, 2004.

KALAMBA N. & BILOLO M. (éds.),
Renaissance of the Negro-African Theology. Essays in Honor of Prof. Bimwenyi-Kweshi – Renaissance de la Théologie Négro-Africaine. Essais en l'honneur du Prof. Bimwenyi-Kweshi (AAT-APA., Sect. XII, 1). München- Freising- Kinshasa, 2009, S. 109–161

KALAMBA N.,
Kame n'kasankidi nkanu ya bende, anu yende mifulebu, mu: Mutombo-Mwana (mul.), Tuya tooo, Twimana ... Nkongamifundu mulubwila Ngandu-Nkashama wa Kalonji, Ngooyamwakulu, Louvain-la-Neuve, Panubule, 2007.

KALAMBA N.,
Fatigué d'être Africain ! Benga DidiPotesha, Munich-Kinshasa, Publications Universitaires Africaines, 2007.

LAM, A. MOUSSA,
Le Sahara ou la Vallée du Nil. Aperçu sur la problématique du berceau de l'unité culturelle de l'Afrique Noire, IFAN, 1994.

LEFEBVRE, G.,
Grammaire de l'Égyptien Classique, Dipatuka 2, Kairo (bala : Kelo), 1955.

MAULANA KARENGA,
Maat, the Moral Ideal in Ancient Egypt: A Study in Classical African Ethics ; Routledge, 2003, 480 p.

MPAY KEMBOLY,
The Question of Evil in Ancient Egypt, Golden House Publications, London, 2010, 405 p.

MUTOMBO-MWANA (dir..),
Tuya tooo, Twimana ... Nkongamifundu mulubwila Ngandu-Nkashama wa Kalonji, Ngooyamwakulu, Louvain-la-Neuve, Panubule, 2007.

NDIGI, Oum,
Gb/Kb/Gbgb/Kobakoba ou le nom du dieu de la terre et de l'oiseau créateur mythologique chez les Egyptiens et les Basaa du Cameroun, in Bulletin de

la Société d'Égyptologie de Genève, 20 (1996), dib. 20-47.

NDIGI, Oum,   *L'expression des cardinaux et des ordinaux en égyptien et en basaa*, in Discussions in Egyptology, 33 (2000 ?), p. 57-72.

NDIGI, Oum,   *Les Basa du cameroun et l'antiquité pharaonique Égypto-Nubienne : recherche historique et linguistique comparative sur leurs rapports culturels à la lumière de l'Égyptologie,* Thèse de doctorat, Université Lumière/Lyon, 1997.

NDIGI, Oum,   *Le Basaa, l'égyptien pharaonique et le copte : premiers jalons révélateurs d'une parenté insoupçonnée*, mu ANKH, 2 (1993), p. 19-27.

NGOM, G.,   *L'Egyptien et les langues Bantu : le cas du duala*, in Présence Africaine, 149-150 (1990), p. 214-248.

NGOM, G.,   *Variantes graphiques hiéroglyphiques et phonétique historique de l'égyptien ancien et des langues négro-africaines modernes,* in ANKH, 6-7 (1997-1998), p. 75-89

NZONGOLA, P.R.K.,   *Dictionnaire des Synonymes Tshiluba,* Lwebo, 1967.

OBENGA, T.,   *Origine commune de l'Égyptien Ancien, du Copte et des Langues Négro-Africaines modernes. Introduction à la Linguistique Historique Africaine*, Paris, 1993.

PUNGA WA ILUNGA,   *Myenji nè mêba mu tshilubà. Mêna àyì nè nsùùlakajilu*, in: MUTOMBO-MWANA (mul.), Tuya tooo, Twimana ... Nkongamifundu mulubwila Ngandu-Nkashama wa Kalonji, Ngooyamwakulu, Louvain-la-Neuve, Panubule, 2007.

Links

http://www.ciyem.ugent.be/
http://www.nefertum.com/egypt/09a_cairo_museum.html
https://de.wikipedia.org/wiki/Gardiner-Liste, signe N5.
https://de.wikipedia.org/wiki/Narmer
https://de.wikipedia.org/wiki/Narmer#/media/Datei: NarmerPallette-Back.jpg
https://fr.wikipedia.org/wiki/Composition_de_l%27être_dans _l%27Égypte_antique
https://www.africamuseum.be/de/research/discover/human_scie nces/culture_society/cb-pottery/references
https://fr.wikipedia.org/wiki/Sobek

Photo de Kasalu Jibikila [82]

Commentaire :

Nous avons préféré partager ce sourire (𓂋𓏤𓂝 𓀁 ,

𓂋𓏤𓂝 𓀁 -**Seka** > *ka-Seku, n-Seko, di-Sekelela, n-Sekelelu //*
Sanka > di-Sanka ; mu-Sangelu), en langage soutenu : *di-twa*
mi-Mwemwe, avec nos lecteurs.

Le Sourire, la Réjouissance et l'Option de rire sans se moquer
d'un(e) autre, sans tourner les autres en dérision, constituent le

Message que véhicule le nom 𓂋𓏤 **Sekedi / Sekeri** (Ci-).

---

82   http://www.cheikfitanews.net/2018/03/message-de-maman-marthe-kasalu-veuve-e.tshisekedi.html Cette Photo avec sourire est extraite par nous. 2019. Pour une photo semblable, consulter :
http://www.taipeitimes.com ;
https://media5.picsearch.com/is?vOTBcKk5FHaTz1nWW95Z7XPlTbSvay0ly
CfegGrm7j8&height=341

TABLE DES MATIÈRES

Annexe :

Nous recommandons la lecture de :

Bilolo, Mubabinge, ***Tshisekedi wa Mulumba : Identification à la Lumière des Cartes d'avant le 17ème siècle et des Paroles de Dieu de l'Égypte Pharaonique ou CiKam***, *Supplément à l'Hommage posthume de l'INADEP-Europe,*

(Institut Africain d'Études Prospectives. Centre C.A. Diop d'Égyptologie et du Devenir des Civilisations Africaines; Sect. I, Vol. 14), Munich, Kinshasa, Paris : Publications Universitaires Africaines, 2019.